建築産業にとっての SDGs（持続可能な開発目標）
－導入のためのガイドライン－

編集　建築関連産業と SDGs 委員会

一般財団法人 日本建築センター
The Building Center of Japan

目次

はじめに ————————————————————————————————— 004

概要
- SDGs（Sustainable Development Goals）の特徴と理念 ————————————— 008
- 建築産業に求められるSDGs達成に向けた取組 ———————————————— 009
- ガイドライン作成の目的、想定される読者像 ——————————————— 010
- 用語集 ————————————————————————————————— 012

1章：SDGsとは
- 1-1. SDGs（Sustainable Development Goals）の概要 —————————————— 016
- 1-2. SDGs達成に向けた日本政府の取組 ———————————————————— 023
- 1-3. SDGs達成に向けて求められる様々なステークホルダーの取組 ————————— 025
- 1-4. 建築産業の取組とSDGsの関係 ————————————————————— 026
  - 1-4-1. 建築産業の取組と17のゴールの関係 —————————————————— 026
  - 1-4-2. ESG・SDGs時代到来の背景と建築産業の今後 ——————————————— 030

2章：建築産業におけるSDGs導入の必要性とメリット
- 2-1. 建築産業におけるSDGs導入の背景 ———————————————————— 034
  - 2-1-1. 建築産業の共通理念としてのSDGs —————————————————— 034
  - 2-1-2. 建築産業版SDGsの概要 —————————————————————— 036
- 2-2. SDGs導入の必要性 ————————————————————————— 038
  - 2-2-1. SDGs時代の到来と企業経営の変化 —————————————————— 038
  - 2-2-2. SDGsの観点による建築産業の課題の構造化 ————————————————— 043
  - 2-2-3. SDGsによる経済・社会・環境の取組の統合化 ———————————————— 048
  - 2-2-4. 統合的取組による共有価値の創造 ——————————————————— 049
- 2-3. SDGs導入がもたらすメリット ————————————————————— 056
  - 2-3-1. 建築産業の構造的変化を踏まえた、将来のビジネスチャンスの見極め ——————— 056
  - 2-3-2. 世界共通言語としてのSDGsの活用と理念の共有による経営の質の向上 ——————— 058
  - 2-3-3. 経済、社会、環境問題への統合的取組と新しい価値の創出 —————————————— 060
  - 2-3-4. SDGsを共通言語とした官民連携推進 —————————————————— 061
  - 2-3-5. 持続可能な社会の構築に向けた取組がもたらす社会と市場の安定化 ————————— 063

3章：SDGs導入に向けたビジョンと経営計画の策定
- 3-1. ビジョンと経営計画へのSDGs導入の必要性 ——————————————— 066
  - 3-1-1. 企業におけるSDGsの取組の現状 ——————————————————— 066
  - 3-1-2. ビジョン・経営計画にSDGsを導入する意義 ————————————————— 068
- 3-2. 優先的に取り組む課題（マテリアリティ）の明確化 —————————————— 071
  - 3-2-1. 企業の事業活動とSDGsの関係性の整理 —————————————————— 071
  - 3-2-2. 優先的に取り組む課題（マテリアリティ）の設定 ———————————————— 074
- 3-3. SDGsを導入したビジョンと経営計画の各部門への浸透 ——————————— 077
  - 3-3-1. SDGsを導入することにより解決が期待される各部門の取組課題 ————————— 077
  - 3-3-2. 各部門におけるSDGsの具体的取組方針の策定 ————————————————— 078
- 3-4. 多様なステークホルダーとのパートナーシップの推進 ———————————— 081
  - 3-4-1. 連携、協力すべきステークホルダーの整理 ————————————————— 081
  - 3-4-2. ステークホルダーとの役割分担の明確化 —————————————————— 083

4章：目標設定と進捗管理

4-1. 企業におけるSDGs達成に向けた具体的な取組手順 ——— 088

4-2. 企業目標の設定 ——— 090
- 4-2-1. SDGsのゴール、ターゲットに対応した目標設定の在り方 ——— 090
- 4-2-2. SDGsのゴール、ターゲットと自社の取組内容の対応関係の整理 ——— 092
- 4-2-3. SDGsを導入した新たな目標の設定 ——— 093

4-3. 目標の達成度を計測する指標の整備 ——— 094
- 4-3-1. SDGsの三層構造の枠組みを活用した経営計画の進捗管理の必要性 ——— 094
- 4-3-2. 求められる進捗管理とガバナンスの在り方 ——— 094
- 4-3-3. 進捗管理をするための指標の選択とデータの整備 ——— 095
- 4-3-4. KPI（Key Performance Indicator）の設定 ——— 097
- 4-3-5. 具体的な指標の整備及び運用手順 ——— 097

4-4. 経営計画の実行と進捗管理 ——— 103
- 4-4-1. 経営計画実行後のフォローアップの必要性 ——— 103
- 4-4-2. 指標を用いた経営計画のフォローアップ ——— 104

4-5. SDGs達成に向けた取組の社会発信 ——— 105
- 4-5-1. SDGs関連情報の開示と社会発信の重要性 ——— 105
- 4-5-2. 具体的な社会発信手段 ——— 107

4-6. SDGs達成に向けた継続的な取組 ——— 109

参考資料

参考資料1 SDGsのターゲット・インディケーター（指標）の一覧 ——— 112
参考資料2 SDGsのゴール・ターゲットと建築産業がこれから取り組むべき活動（事例）– 150
参考資料3 建築産業SDGsチェックリスト ——— 186

参考文献 ——— 191

あとがき ——— 196

コラム一覧

コラム1 持続可能な開発のための2030アジェンダの採択に至る歴史的経緯と今後の予定 – 022
コラム2 SDGs実施指針と8つの優先課題 ——— 024
コラム3 建築産業におけるSDGs導入状況 ——— 032
コラム4 途上国へのインフラ技術の移転（事例） ——— 050
コラム5 ビジョンと経営計画にSDGsを導入した企業の事例① ——— 069
コラム6 ビジョンと経営計画にSDGsを導入した企業の事例②（他産業の事例） ——— 070
コラム7 バリューチェーンのプロセス別にリスクと機会、SDGsへの取組方針を整理した企業の事例 – 072
コラム8 マテリアリティを設定した企業の事例① ——— 075
コラム9 マテリアリティを設定した企業の事例② ——— 076
コラム10 自治体と企業による連携協定の締結事例 ——— 084
コラム11 持続可能な地域社会の実現に向けたエリアマネジメント活動 ——— 085
コラム12 他産業におけるSDGsとKPIに関する取組事例①（保険） ——— 099
コラム13 他産業におけるSDGsとKPIに関する取組事例②（食品） ——— 100
コラム14 他産業におけるSDGsとKPIに関する取組事例③（生活用品） ——— 101
コラム15 海外企業（シンガポール）によるSDGs達成に向けた取組事例（不動産） ——— 102

はじめに

　国連、政府等の公的機関や経団連等の民間機関により、SDGs達成に向けた取組の必要性が謳われています。一方で

　「SDGsという言葉をよく耳にするけれど内容がよく分からない」、

　「建築産業（以降、本ガイドラインでは一般建築産業・住宅産業・不動産業の三つの産業を合わせて建築産業と記します）とどのような関係があるのか分からない」、

　「我が社でもSDGs達成に向けて取り組みを開始するように通達が出たけれど具体的にどのように取り組めばいいのか見当がつかない」

　という声を耳にします。本ガイドラインはそのような方々に対して、建築産業がSDGsにどのように関係していて、どのように取り組むべきかを示すものです。

　SDGs－Sustainable Development Goals（持続可能な開発目標）は、2015年9月に国連持続可能な開発サミットで採択された「持続可能な開発のための2030アジェンダ」の中核をなすもので、17のゴール、169のターゲットから構成されるグローバルな開発目標です。

　具体的には、貧困の撲滅（ゴール1）、飢餓の解消（ゴール2）、健康の増進（ゴール3）、…持続可能なまちづくり（ゴール11）…パートナーシップの推進（ゴール17）など、多岐にわたるゴールから構成されています。また、それぞれのゴールの下に、より具体的な目標として10程度のターゲットが設定されています。

　上記のように広範な目標は国際機関、国、自治体、産業界、一般市民などの多様な主体が一丸となって協力しなければ達成できるものではありません。特に近年、企業の社会的責任CSR（Corporate Social Responsibility）やESG（環境・社会・ガバナンス）投資などの考え方が重要視されており、社会や各種ステークホルダーに対して民間企業の責任と果たすべき役割が増大しています。特に企業はビジネス活動を通して、世の中に大きな影響を及ぼす組織であり、その実行能力はSDGsの達成に大きな貢献を果たすものと考えられます。

　さらに近年はCSV（Creating Shared Value）の考え方の下に企業がステークホルダーと共に共有価値を創造する事例も増えてきました。これはSDGsが求めるパートナーシップの強化に基づくゴールの達成と軌を一にするものです。アセンブリー産業である建築産業においては、関係する主体間のパートナーシップの下でSDGs達成に向

けて取り組むことが特に重要です。逆の見方をすれば、建築産業はSDGs達成に向けた取組によって大きな恩恵を受ける産業であると考えられます。このことから経済・社会・環境の統合的取組を通して建築産業の一層の発展と持続可能な成長を目指していく必要があります。

　本書は建築産業がSDGsの達成に向けた取組を開始するためのガイドラインとして取り纏めたものです。国土交通省にも協力をいただきつつ、一般財団法人日本建築センターに設置された「建築関連産業とSDGs委員会」の活動成果を取り纏めたものです。今後、「建築産業にとってのSDGs（持続可能な開発目標）」として取り纏められた本ガイドラインが建築産業で活用され、SDGsの取組を通して産業の活性化と持続的な成長に貢献することを祈念します。

建築関連産業とSDGs委員会
委員長　　村上周三　東京大学名誉教授

概 要

概要

SDGs (Sustainable Development Goals) の特徴と理念

　SDGsは、人類及び地球の持続可能な開発のために達成すべき課題とその具体目標である。これは、前身のMDGs (Millennium Development Goals) で達成できなかった目標を含めて、2030年までに実行、達成すべき事項を整理したものである。

　概要図1に示すように、SDGsは17のゴールから構成されており、その下にゴールを目指す行動指針として169のターゲット、更にゴールやターゲットの達成に向けた進捗を計測するための232のインディケーター（ゴールやターゲットの達成度を定量的・定性的に測るための指標）が設けられている。

概要図1　持続可能な開発目標（SDGs）の概要

　SDGsの本質を理解する上で幾つか重要な点がある。まず、SDGsが世界中の誰一人取り残されない（no one will be left behind）包摂的な取組を求めていることである。次に経済、社会、環境の統合的取組を求めていることである。さらに、人類と地球の持続可能性を実現するために、SDGsでは5つのP（People, Planet, Prosperity, Peace, Partnership）が基盤であるとされている。

　国連の文書等において、SDGsは新しい人権宣言であり、新しい社会契約であると謳われている。本ガイドラインの2章で詳細について言及するが、SDGsの理念とその達成に向けた取組は社会において主流化が進んでおり、世界中の主要な企業がSDGsに積極的に取り組むことを宣言し、実際に活動を開始している。一方SDGsに取り組まない企業は市場から退場を余儀なくされることになるというリスクも指摘されている。

建築産業に求められるSDGs達成に向けた取組

　我が国では2017年11月8日に、日本経済団体連合会（経団連）が「企業行動憲章」を改定した。企業行動憲章とは企業の責任ある行動原則を記載したものである。今般の改定では企業がSDGs達成に向けて取り組むことを促している。

　建築産業の活動は多岐にわたっており、SDGsの17のゴールと深い関わりを有している。17のゴールの中で、建築産業との関わりがわかりやすいのは「ゴール11. 住み続けられるまちづくりを」や「ゴール12. つくる責任つかう責任」等であるが、本ガイドラインの本文中で後述するように建築産業の活動はSDGsの他の多くのゴールの達成にも影響を及ぼす。

　SDGsは、2030年を目標年としたグローバルな開発目標として全世界で共有されており、世界共通言語となりつつある。今後海外にビジネスを広げていく建築企業においては、SDGsの達成に取り組むことが自社の企業価値並びに日本の建築産業全体の価値を高め、世界の市場でビジネスを展開するために必要不可欠になる。また、国内で活動する建築企業にとってもSDGsの理念を自社の経営計画に反映させることによって、同業／他業のステークホルダーとのパートナーシップ強化をもたらし、ビジネスチャンスの拡大につなげることができる。SDGsを基盤としたCSV（Creating Shared Value：共有価値の創造）的な活動は益々拡大していくと想定されており、SDGsの達成に向けた取組は自社の事業にも大きな利益をもたらすことが期待される。

ガイドライン作成の目的、想定される読者像

本ガイドラインは、世界全体で2030年までに達成すべき目標であるSDGsと建築産業との関係を明らかにし、SDGsをそれぞれの企業の問題に落し込んで考えるための方策を提示するものである。建築関連企業の関係者全員でこの問題を考え、将来ビジョンや今後解決すべき課題を共有し、実行に移すこと、すなわち「建築産業にとってのSDGs」を経営計画に盛り込んで、ビジネスを展開することの一助となることを願うものである。

本ガイドラインは建築関連の企業をはじめとして、他産業の関連企業やNPO／NGO、自治体や政府など、持続可能な建築産業の発展に関わる全ての関係者を対象としている。そのような関係者が持続可能な開発目標SDGsの達成に向けた取組を推進することにより、建築産業自体の持続的な成長も可能となる。

本ガイドラインでは、建築産業がSDGsに取り組むために必要な段階を以下に記す4つの章に整理して紹介している。

1章：SDGsとは
2章：建築産業におけるSDGs導入の必要性とメリット
3章：SDGs導入に向けたビジョンと経営計画の策定
4章：目標設定と進捗管理

1. SDGsとは （1章）	2. 建築産業における SDGs導入の 必要性とメリット （2章）	3. SDGs導入に 向けたビジョンと 経営計画の策定 （3章）	4. 目標設定と 進捗管理 （4章）
・SDGsの枠組み （ゴール、 ターゲット、 インディケーター の三層構造など） の把握 ・国内外の動向 の把握 ・建築産業と SDGsの関係の 把握	・建築産業が 置かれている 状況の認識、把握 ・SDGsを導入する 必要性・メリット の明確化 ・SDGs導入によって 創造し得る 共有価値の把握	・自社の活動に 関連する SDGsのゴール、 ターゲットの整理 ・SDGsの理念に 基づくビジョンと 優先的課題の明確化 ・ビジョンと 経営計画の 各部門への浸透 ・ステークホルダー とのパートナー シップの推進	・企業目標の設定 ・目標の達成度を 計測する 指標の整備 ・フォローアップの 実施 ・社会発信

概要図2　本ガイドラインの構成

本ガイドラインにおいて、「建築産業におけるSDGs推進に際して取組状況を自己認識するためのチェックリスト（建築産業SDGsチェックリスト）」を作成し、参考資料でこれを紹介している。このチェックリストは本ガイドラインの構成（1章から4章）に沿って作成されている。企業の担当者は、チェックリストを使用することで、本ガイドライン記載事項のどこまで自身の企業の取組が進展しているか、今後どこから取組を開始するべきか等を自己認識することが可能となっている。併せて利用いただきたい。

用語集

本ガイドライン活用の便のため、SDGsを理解し取り組んでいく上で知っておきたい基本的用語を掲げる。

用語	説明
2030アジェンダ	2030年までの人類と地球の繁栄のための行動計画。2015年に国連で採択された。SDGsを中核とする目標が掲げられている。
SDGs（エス・ディー・ジーズ）	2030アジェンダの中で明示された17のゴール、169のターゲットから構成される。Sustainable Development Goalsの略。
ゴール	開発に向けた意欲目標。SDGsでは合計で17つのゴールが設定されている。その内容は長期的なビジョンに近い。
ターゲット	計測可能な行動目標。SDGsの17の各ゴールの下に設定されており、合計169のターゲットが設定されている。
インディケーター（指標）	達成度を計測するための評価尺度。SDGsでは、進捗管理のために232の指標が提案されている。
MDGs（エム・ディー・ジーズ）	2000年に開催された国連ミレニアム・サミットで採択された国連ミレニアム宣言をもとにまとめられた開発分野における国際社会共通の目標。達成期限となる2015年迄に一定の成果をあげた。Millennium Development Goalsの略。
パートナーシップ	協力関係、協働体制、連携。
ステークホルダー	直接・間接的な利害関係を有する者。関係者。
包摂性（Inclusive）	誰一人取り残されることなく、世界の構成員としてひとりひとりが社会のシステムに参画できること。
レジリエンス	強靭さ、抵抗力、耐久力、回復力、復元力などと訳され、災害などの外的なストレスに対してしなやかに対応し得る能力を指す。
バックキャスティング	将来の目標を見据えて、そこを起点として現在行う必要な行動を決めること。
KPI（ケー・ピー・アイ）（主要成果評価指標）	特に重要な達成目標を数値的に表現したもの。Key Performance Indicatorの略。
ガバナンス	個々人、組織、集団の参画、合意形成、意思決定による統治。
フォローアップ	取組や行動の行方や成果を継続的に見守り、管理し、時には改善を加えていく一連のプロセス。
持続可能な開発（Sustainable Development）	経済、社会、環境の統合の下に、将来世代のニーズを損なうことなく現世代のニーズを満たす開発。
CSV（シー・エス・ブイ）	共有価値の創造。企業が経済的価値を創造しながら、社会的ニーズに対応することで社会的価値も創造するアプローチのこと。Creating Shared Valueの略。

用語	説明
ＥＳＧ イー・エス・ジー	企業が持続的な成長を目指す上で重視すべき3つの側面、すなわち、環境（Environmental factor）、社会（Social factor）、企業統治（Governance factor）のことで、これらの側面への取組内容や姿勢を重視する投資をESG投資という。
ＰＲＩ、 ピー・アール・アイ ＲＰＩ アール・ピー・アイ	PRI（責任投資原則）：2006年に国際連合で提唱された、投資家がとるべき行動原則。PRIでは、投資決定プロセスにおいてESGに関する項目を考慮するよう求められている。 Principles for Responsible Investmentの略。 RPI（責任不動産投資）：PRIを不動産投資に適用する考え方として、UNEP FI 不動産 WG が推進しているもの。 Responsible Property Investmentの略。

1章

SDGsとは

1-1. SDGs（Sustainable Development Goals）の概要

2015年9月に「持続可能な開発のための2030アジェンダ（通称：2030アジェンダ）」が国連加盟国によって全会一致で採択された。このアジェンダの英語原文は "Transforming our world: the 2030 Agenda for Sustainable Development" [1] となっており、世界を持続可能なものに「変革」していくための重要な国際的合意となっている。その2030アジェンダの中核をなすのが、「持続可能な開発目標（Sustainable Development Goals: 通称SDGs）」であり、2030年を目標年としたグローバルな開発目標である。（参考：コラム1）

既に国連のような国際機関や世界各地の様々な主体によってSDGsの達成に向けた取組が開始されており、先導的取組に対して注目が集まっている。2030アジェンダの採択と同時に、国連グローバルコンパクト [2] から「SDG Compass: SDGsの企業行動指針－SDGsを企業はどう活用するか－」[3] と「SDG Industry Matrix」[4] が発行された。「SDG Compass」は、企業がいかにしてSDGsを経営戦略に統合させ、SDGsへの貢献を測定・管理していくか指針を提示するものである。「SDG Industry Matrix」は、SDGs達成に向けた企業活動を支援するツールとして、食品・飲料・消費財、製造業、金融サービス、及び業種横断的な気候変動対策など、9つの産業・テーマ別に、SDGs達成に向けた取組に関する事例などを提示している。これらの資料は企業におけるSDGs達成に向けた取組を推進するための重要な指針となっている。

SDGsは図1.1に示すように、ゴール、ターゲット、インディケーター（以降、指標）による三層構造となっている。意欲目標としての17のゴールとそれに付随するより具体的な行動目標としての169のターゲットにより構成されている。さらに、SDGsの達成に向けた進捗状況を定量的・定性的に計測するために国連統計委員会から232のインディケーター（指標）が提案されている。

SDGs達成に向けて取組をスタートする際には、図1.1に示すような三層構造（ゴール、ターゲット、インディケーター（指標））を理解することが重要である。

1　（出典）国連：A/RES/70/1 - Transforming our world: the 2030 Agenda for Sustainable Development, 2015.9

2　国連グローバルコンパクト（UNGC：United Nations Global Compact）は、国際社会の各種問題（貧富の差の縮小・腐敗撲滅・環境保護・社会的差別解消など）に立ち向かうべく創設された国連機関・民間企業・非営利団体等のプラットフォーム。

3　（出典）GRI, UNGC, WBCSD: SDG Compass The guide for business action on the SDGs, 2015.9, http://sdgcompass.org/wp-content/uploads/2015/12/019104_SDG_Compass_Guide_2015.pdf

4　（出典）UNGC, KPMG: SDG Industry Matrix, 2015, https://www.unglobalcompact.org/library/3111

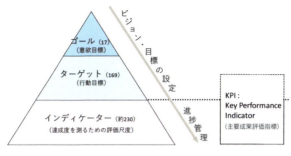

図1.1　ゴール・ターゲット・インディケーターの三層構造[5]

SDGsのゴール、ターゲット、インディケーターの三層構造[6]
① 17のゴール（Goal）　　　　　　　　　　　　　　　　　開発に向けた意欲目標
② 169のターゲット（Target）　　　　　　　　　　　　　　計測可能な行動目標
③ 約230のインディケーター（指標）（Indicator）　　　　達成度を計測するための評価尺度

　ゴール、ターゲットに関しては変更の予定は示されていないが、指標に関しては当初230個であったものが現在（2018年12月時点）では内容が見直されて232個に増加するなど、現在もその内容に関して議論が継続中である。指標に関する最新情報は以下の、国連の広報センターや国連統計局のWebサイト上にて公開されている。
■国連広報センターのホームページ　http://www.unic.or.jp/
■国連統計局SDGs指標に関するトップページ　http://unstats.un.org/sdgs/
■最新のSDGs指標リスト　http://unstats.un.org/sdgs/indicators/indicators-list/

　17のゴールの詳細を図1.2（次頁以降）に示す。また、ターゲットとインディケーター（指標）の詳細は本ガイドライン末尾の参考資料に掲載した。
　SDGsの17ゴールの中で建築産業との関係がわかりやすい「ゴール11：住み続けられるまちづくりを」や「ゴール12：つくる責任つかう責任」を例に、この三層構造を整理したものを図1.3、図1.4に示す。

5　KPIは、Key Performance Indicator（主要成果評価指標）の名称が示すとおり、その基本的な意味はインディケーター（指標）として扱われる。本来指標は、計測のために用いられるものであり、それ自体に重要、非重要の意味づけはないが、企業などの経営目標には、優先順位の高いものとそうでないものが存在する。そこで、優先順位の高い目標を計測する指標を、KPIと呼称することがある。その際に、優先順位の高い目標を計測する指標（KPI）が転じて、KPI自体が重要な目標という意味で使用される事例も存在する。本ガイドラインでは、慣例にしたがってKPIを両方の意味で用いている。

6　本ガイドライン中のゴール、ターゲット、インディケーターの和訳は総務省の仮訳を参照している。
　（出典）総務省政策統括官（統計基準担当）：持続可能な開発目標（SDGs）、最終更新日：2018.12、http://www.soumu.go.jp/toukei_toukatsu/index/kokusai/02toukatsu01_04000212.html

1. 貧困をなくそう
(NO POVERTY)

あらゆる場所のあらゆる形態の貧困を終わらせる
(End poverty in all its forms everywhere)

2. 飢餓をゼロに
(ZERO HUNGER)

飢餓を終わらせ、食料安全保障及び栄養改善を実現し、持続可能な農業を促進する
(End hunger, achieve food security and improved nutrition and promote sustainable agriculture)

3. すべての人に健康と福祉を
(GOOD HEALTH AND WELL-BEING)

あらゆる年齢の全ての人々の健康的な生活を確保し、福祉を促進する
(Ensure healthy lives and promote well-being for all at all ages)

4. 質の高い教育をみんなに
(QUALITY EDUCATION)

全ての人に包摂的かつ公正な質の高い教育を確保し、生涯学習の機会を促進する
(Ensure inclusive and equitable quality education and promote lifelong learning opportunities for all)

5. ジェンダー平等を実現しよう
(GENDER EQUALITY)

ジェンダー平等を達成し、全ての女性及び女児の能力強化を行う
(Achieve gender equality and empower all women and girls)

6. 安全な水とトイレを世界中に
(CLEAN WATER AND SANITATION)

全ての人々の水と衛生の利用可能性と持続可能な管理を確保する
(Ensure availability and sustainable management of water and sanitation for all)

7. エネルギーをみんなにそしてクリーンに
(AFFORDABLE AND CLEAN ENERGY)

全ての人々の、安価かつ信頼できる持続可能な近代的エネルギーへのアクセスを確保する
(Ensure access to affordable, reliable, sustainable and modern energy for all)

8. 働きがいも経済成長も
(DECENT WORK AND ECONOMIC GROWTH)

包摂的かつ持続可能な経済成長及び全ての人々の完全かつ生産的な雇用と働きがいのある人間らしい雇用(ディーセント・ワーク)を促進する
(Promote sustained, inclusive and sustainable economic growth, full and productive employment and decent work for all)

9. 産業と技術革新の基盤をつくろう
(INDUSTRY, INNOVATION, AND INFRASTRUCTURE)

強靭(レジリエント)なインフラ構築、包摂的かつ持続可能な産業化の促進及びイノベーションの推進を図る
(Build resilient infrastructure, promote inclusive and sustainable industrialization and foster innovation)

10. 人や国の不平等をなくそう
(REDUCED INEQUALTIES)
各国内及び各国間の不平等を是正する
(Reduce inequality within and among countries)

11. 住み続けられるまちづくりを
(SUSTAINABLE CITIES AND COMMUNITIES)
包摂的で安全かつ強靱(レジリエント)で持続可能な都市及び人間居住を実現する
(Make cities and human settlements inclusive, safe, resilient and sustainable)

12. つくる責任つかう責任
(RESPONSIBLECONSUMPTION AND PRODUCTION)
持続可能な生産消費形態を確保する
(Ensure sustainable consumption and production patterns)

13. 気候変動に具体的な対策を
(CLIMATE ACTION)
気候変動及びその影響を軽減するための緊急対策を講じる
(Take urgent action to combat climate change and its impacts)

14. 海の豊かさを守ろう
(LIFE BELOW WATER)
持続可能な開発のために海洋・海洋資源を保全し、持続可能な形で利用する
(Conserve and sustainably use the oceans, seas and marine resources for sustainable development)

15. 陸の豊かさも守ろう
(LIFE ON LAND)
陸域生態系の保護、回復、持続可能な利用の推進、持続可能な森林の経営、砂漠化への対処、並びに土地の劣化の阻止・回復及び生物多様性の損失を阻止する
(Protect, restore and promote sustainable use of terrestrial ecosystems, sustainably manage forests, combat desertification, and halt and reverse land degradation and halt biodiversity loss)

16. 平和と公正をすべての人に
(PEACE, JUSTICE AND STRONG INSTITUTIONS)
持続可能な開発のための平和で包摂的な社会を促進し、全ての人々に司法へのアクセスを提供し、あらゆるレベルにおいて効果的で説明責任のある包摂的な制度を構築する
(Promote peaceful and Inclusive societies for sustainable development, provide access to justice for all and build effective, accountable and inclusive institutions at all levels)

17. パートナーシップで目標を達成しよう
(PARTNERSHIPS FOR THE GOALS)
持続可能な開発のための実施手段を強化し、グローバル・パートナーシップを活性化する
(Strengthen the means of implementation and revitalize the global partnership for sustainable development)

図1.2　SDGsの17のゴール

11.1 住宅供給
2030年までに、全ての人々の、適切、安全かつ安価な住宅及び基本的サービスへのアクセスを確保し、スラムを改善する。

- 11.1.1：スラム、インフォーマルな居住地及び不適切な住宅に居住する都市人口の割合

11.2 交通整備
2030年までに、脆弱な立場にある人々、女性、子供、障害者及び高齢者のニーズに特に配慮し、公共交通機関の拡大などを通じた交通の安全性改善により、全ての人々に、安全かつ安価で容易に利用できる、持続可能な輸送システムへのアクセスを提供する。

- 11.2.1：公共交通機関へ容易にアクセスできる人口の割合（性別、年齢、障害者別）

11.3 都市計画
2030年までに、包摂的かつ持続可能な都市化を促進し、全ての国々の参加型、包摂的かつ持続可能な人間居住計画・管理の能力を強化する。

- 11.3.1：人口増加率と土地利用率の比率
- 11.3.2：定期的かつ民主的に運営されている都市計画及び管理に、市民社会が直接参加する仕組みがある都市の割合

11.4 遺産・遺構の保護
世界の文化遺産及び自然遺産の保護・保全の努力を強化する。

- 11.4.1：全ての文化及び自然遺産の保全、保護及び保存における総支出額（公的部門、民間部門）（遺産のタイプ別（文化、自然、混合、世界遺産に登録されているもの）、政府レベル別（国、地域、地方、市）、支出タイプ別（営業費、投資）、民間資金のタイプ別（寄付、非営利部門、後援））

11.5 脆弱性の軽減
2030年までに、貧困層及び脆弱な立場にある人々の保護に焦点をあてながら、水関連災害などの災害による死者や被災者数を大幅に削減し、世界の国内総生産比で直接的経済損失を大幅に減らす。

- 11.5.1：10万人当たりの災害による死者数、行方不明者数、直接的負傷者数
- 11.5.2：災害によって起こった、グローバルなGDPに関連した直接的な経済損失、甚大なインフラ被害及び基本サービスの中断の件数

11.6 環境保全
2030年までに、大気の質及び一般並びにその他の廃棄物の管理に特別な注意を払うことによるものを含め、都市の一人当たりの環境上の悪影響を軽減する。

- 11.6.1：都市で生み出された固形廃棄物の総量のうち、定期的に収集され適切に最終処理されたものの割合（都市別）
- 11.6.2：都市部における微粒子物質（例：PM2.5やPM10）の年平均レベル（人口で加重平均したもの）

11.7 公共空間の整備
2030年までに、女性、子供、高齢者及び障害者を含め、人々に安全で包摂的かつ利用が容易な緑地や公共スペースへの普遍的アクセスを提供する。

- 11.7.1：各都市部の建物密集区域における公共スペースの割合の平均（性別、年齢、障害者別）
- 11.7.2：過去12か月における身体的又は性的ハラスメントの犠牲者の割合（性別、年齢、障害状況、発生場所別）

11.a 都市と地方の連携
各国・地域規模の開発計画の強化を通じて、経済、社会、環境面における都市部、都市周辺部及び農村部間の良好なつながりを支援する。

- 11.a.1：人口予測とリソース需要について取りまとめながら都市及び地域開発計画を実行している都市に住んでいる人口の割合（都市の規模別）

11.b 統合的な政策の策定
2020年までに、包含、資源効率、気候変動の緩和と適応、災害に対する強靱さ（レジリエンス）を目指す総合的政策及び計画を導入・実施した都市及び人間居住地の件数を大幅に増加させ、仙台防災枠組 2015-2030 に沿って、あらゆるレベルでの総合的な災害リスク管理の策定と実施を行う

- 11.b.1：仙台防災枠組み2015-2030に沿った国家レベルの防災戦略を採択し実行している国の数
- 11.b.2：国家防災戦略に沿った地方レベルの防災戦略を採択し実行している地方政府の割合

11.c 財政的・技術的支援
財政的及び技術的な支援などを通じて、後発開発途上国における現地の資材を用いた、持続可能かつ強靱（レジリエント）な建造物の整備を支援する。

- 11.c.1：現地の資材を用いた、持続可能で強靱（レジリエント）で資源が効率的である建造物の建設及び改築に割り当てられた後発開発途上国への財政援助の割合

図1.3　ゴール・ターゲット・インディケーターの三層構造（ゴール11の事例）

12.1
開発途上国の開発状況や能力を勘案しつつ、持続可能な消費と生産に関する10年計画枠組み（10YFP）を実施し、先進国主導の下、全ての国々が対策を講じる。
- 12.1.1：持続可能な消費と生産（SCP）に関する国家行動計画を持っている、又は国家政策に優先事項もしくはターゲットとしてSCPが組み込まれている国の数

12.2
2030年までに天然資源の持続可能な管理及び効率的な利用を達成する。
- 12.2.1：マテリアルフットプリント（MF）、一人当たりMF及びGDP当たりのMF
- 12.2.2：国内材料消費（DMC）及び一人当たりのDMC及びGDP当たりのDMC

12.3
2030年までに小売・消費レベルにおける世界全体の一人当たりの食料の廃棄を半減させ、収穫後損失などの生産・サプライチェーンにおける食品ロスを減少させる。
- 12.3.1：グローバル食品ロス指数（GFLI）

12.4
2020年までに、合意された国際的な枠組みに従い、製品ライフサイクルを通じ、環境上適正な化学物質や全ての廃棄物の管理を実現し、人の健康や環境への悪影響を最小化するため、化学物質や廃棄物の大気、水、土壌への放出を大幅に削減する。
- 12.4.1：有害廃棄物や他の化学物質に関する国際多国間環境協定で求められる情報の提供（報告）の義務を果たしている締約国の数
- 12.4.2：有害廃棄物の1人当たり発生量、処理された有害廃棄物の割合（処理手法ごと）

12.5
2030年までに、廃棄物の発生防止、削減、再生利用及び再利用により、廃棄物の発生を大幅に削減する。
- 12.5.1：各国の再生利用率、リサイクルされた物質のトン数

12.6
特に大企業や多国籍企業などの企業に対し、持続可能な取り組みを導入し、持続可能性に関する情報を定期報告に盛り込むよう奨励する。
- 12.6.1：持続可能性に関する報告書を発行する企業の数

12.7
国内の政策や優先事項に従って持続可能な公共調達の慣行を促進する。
- 12.7.1：持続可能な公的調達政策及び行動計画を実施している国の数

12.8
2030年までに、人々があらゆる場所において、持続可能な開発及び自然と調和したライフスタイルに関する情報と意識を持つようにする。
- 12.8.1：気候変動教育を含む、(i)地球市民教育、及び(ii)持続可能な開発のための教育が、(a)各国の教育政策、(b)カリキュラム、(c)教師の教育、及び(d)児童・生徒・学生の達成度評価に関して、全ての教育段階において主流化されているレベル

12.a
開発途上国に対し、より持続可能な消費・生産形態の促進のための科学的・技術的能力の強化を支援する。
- 12.a.1：持続可能な消費、生産形態及び環境に配慮した技術のための研究開発に係る開発途上国への支援総計

12.b
雇用創出、地方の文化振興・産品販促につながる持続可能な観光業に対して持続可能な開発がもたらす影響を測定する手法を開発・導入する。
- 12.b.1：承認された評価監視ツールのある持続可能な観光戦略や政策、実施された行動計画の数

12.c
開発途上国の特別なニーズや状況を十分考慮し、貧困層やコミュニティを保護する形で開発に関する悪影響を最小限に留めつつ、税制改正や、有害な補助金が存在する場合はその環境への影響を考慮してその段階的廃止などを通じ、各国の状況に応じて、市場のひずみを除去することで、浪費的な消費を奨励する、化石燃料に対する非効率な補助金を合理化する。
- 12.c.1：GDP（生産及び消費）の単位当たり及び化石燃料の国家支出総額に占める化石燃料補助金

図1.4　ゴール・ターゲット・インディケーターの三層構造（ゴール12の事例）

| コラム1 | 持続可能な開発のための2030アジェンダの採択に至る歴史的経緯と今後の予定 |

2015年に国連持続可能な開発サミットにおいてSDGsを含む「持続可能な開発のための2030アジェンダ（通称：2030アジェンダ）」が採択された。

「持続可能な開発のための2030アジェンダ」採択に至るまでの国際的活動の歴史的経緯を以下に示す。

「持続可能な開発」に関連したプロセス

1972年：ストックホルム会議
113か国が参加し、世界的に初めて環境問題に取り組んだ会議
人間環境の保全と向上に関する「人間環境宣言」を採択

1987年：ブルントラント報告書の刊行
「持続可能な開発（Sustainable Development）」に言及した報告書

1992年：リオ宣言、アジェンダ21の採択
「持続可能な開発」に向けた行動計画を提示した文書

2012年：国連持続可能な開発会議（リオ+20）の開催
今後10年の経済・社会・環境の在り方を議論した会議
（SDGsの採択に向けた政府間交渉プロセスの立ち上げ）

2013年：SDGsオープンワーキンググループ（OWG）設置
全13回の部会で、SDGsの各ゴールの本質的な要素を議論

開発分野に関連したプロセス

1965年：国連開発計画
（UNDP: United Nations Development Programme）の設立
問題解決を重視する知識集約型の開発機関

1990年：人間開発報告書の発行開始
人間開発指数（HDI: Human Development Index）を提唱

1995年：コペンハーゲン宣言
人間中心の社会開発を目指し、世界の貧困撲滅を提示した宣言

1996年：国際開発目標（IDGs: International Development Goals）の採択
MDGsの直接の基礎となる目標
（日本が提案したOECD-DAC新開発戦略において採択）

2000年：国連ミレニアム宣言、国連グローバル・コンパクト
（UNGC: United Nations Global Compact）の発足

2001年：MDGs（Millennium Development Goals）取り纏め
SDGsの前身の国際開発目標

2015年： SDGsを含む持続可能な開発のための2030アジェンダの採択

2019年：国連ハイレベル政治フォーラム総会（各国の首脳参加）が開催予定

2030年： SDGsの目標年

022　建築産業にとってのSDGs（持続可能な開発目標）－導入のためのガイドライン－

1-2. SDGs達成に向けた日本政府の取組

　図1.5に日本政府によるSDGs達成に向けた施策推進の工程を示す。日本政府は、SDGs達成に向けた取組の実施を総合的かつ効果的に推進するため、2016年5月に内閣総理大臣を本部長、全国務大臣を構成員とする「持続可能な開発目標（SDGs）推進本部」を設置した。同年12月には「SDGs実施指針」を策定し、8つの優先課題を提示した（参考：コラム2）。また、2017年7月には、国連ハイレベル政治フォーラム「自発的国家レビュー」セッションにおいて、誰一人取り残さない包摂性と多様性のある社会の実現に向けた日本の取組について発表を行った。2017年12月には国内全体でSDGsの達成に向けて取り組むための「SDGsアクションプラン2018」の公表を行い、さらにSDGsの達成に向けて先進的に取り組む企業・団体等を表彰する「ジャパンSDGsアワード」を開催するなど、様々な施策を推進している。2018年に開催された国連ハイレベル政治フォーラムにおいて、2つの公式サイドイベントを関係各国及び国際機関等と共催し、我が国の施策や取組を世界へ発信した。

　今後も、国内におけるSDGs達成に向けた取組を推進する動きが一層加速していくことが予想される。

図1.5　日本政府によるSDGs達成に向けた施策推進の工程

SDGs実施指針と8つの優先課題

　2016年12月に日本政府は「持続可能な開発目標（SDGs）実施指針」を発表し、SDGsの基盤とされている5つのPと対応させる形で8つの優先課題（取組の柱）に重点的に取り組むとしている。

1. あらゆる人々の活躍の推進（People）

2. 健康・長寿の達成（People）

3. 成長市場の創出、地域活性化、科学技術イノベーション（Prosperity）

4. 持続可能で強靭な国土と質の高いインフラの整備（Prosperity）

5. 省・再生可能エネルギー、気候変動対策、循環型社会（Planet）

6. 生物多様性、森林、海洋等の環境の保全（Planet）

7. 平和と安全・安心社会の実現（Peace）

8. SDGs実施推進の体制と手段（Partnership）

1-3. SDGs達成に向けて求められる様々なステークホルダーの取組

　2030アジェンダでは、世界中の誰一人取り残されない（no one will be left behind）包摂的（inclusive）な社会を作っていくことが重要であると強調されており、その目標の達成のためには一部の関係者だけでなく、すべての国とすべての関係者(all countries and all stakeholders) が協調的なパートナーシップ（collaborative partnership）のもとでこの行動計画を実行に移していく必要がある。

　政府が示したSDGs実施指針においても、ステークホルダーとの連携の強化が謳われており、民間企業に対しては以下のようにその役割が期待されている。建築産業におけるステークホルダーとの連携については、3章で解説する。

〈持続可能な開発目標（SDGs）実施指針より抜粋〉

　2030アジェンダの実施、モニタリング、フォローアップ・レビューに当たっては、省庁間や国と自治体の壁を越え、公共セクターと民間セクターの垣根も越えた形で、NPO・NGO、有識者、民間セクター、国際機関、各種団体、地方自治体、議員、科学者コミュニティ、協同組合等、広範なステークホルダーとの連携を推進していくことが必要である。

　SDGsの達成のためには、公的セクターのみならず、民間セクターが公的課題の解決に貢献することが決定的に重要であり、民間企業（個人事業者も含む）が有する資金や技術を社会課題の解決に効果的に役立てていくことはSDGsの達成に向けた鍵でもある。

　企業が多様なステークホルダーとパートナーシップを強化することによって、情報収集の効率化、新しいアイディアの獲得、新規流通販売経路の開拓、新規顧客の獲得など、ビジネスチャンスが拡大する。このように、SDGs達成という大きな目標の下で共有価値を創出（CSV）することが企業の持続的な成長にも貢献する。

1-4. 建築産業の取組とSDGsの関係

1-4-1. 建築産業の取組と17のゴールの関係

　SDGsの17ゴールの中で建築産業との関係がわかりやすいのは、例えば「ゴール11：住み続けられるまちづくりを」や「ゴール12：つくる責任つかう責任」などである。これらのゴールは建築産業の活動内容に直結しているが、これを実現するための活動は経済、社会、環境の多くの課題にかかわっている。また、SDGsのターゲットの中には2020年を目標年次としているものもあり、特に「ゴール14：海の豊かさを守ろう」、「ゴール15：陸の豊かさも守ろう」に多く存在する。これらの自然環境に関するゴールへの建築産業の責務は大きい。さらに、開発途上国や後発開発途上国への貢献を謳うターゲットも多く、インフラ整備のための技術移転など建築産業の活躍の場は広がっている。そのゴールの達成ができるか否かは建築産業と関連ステークホルダーによる統合的な取組がカギを握っている。すなわち、建築産業の活動が社会全体に及ぼす影響は大変幅広く、この産業の取組はゴール1からゴール17のあらゆるゴールと関係がある。

　内閣府「国民経済計算」によれば、建設業と不動産業を合わせた建築産業の生産額は約91兆円にのぼり、2016年の国内総生産538兆円の2割弱を建築産業が占めている[7]。この金額だけを見ても建築産業の活動や取組がもたらす影響の大きさを理解できるが、その影響は経済的側面の活動だけにとどまらず、社会、環境の分野にも及んでいる。

　文明社会の中で生活する人間は全時間のうち9割を建物の中で過ごすとされており、建物の建設・運用において大量の資源・エネルギーが消費されている。ライフサイクルアセスメントを実施した事例によると、間接排出分も含めて日本のCO_2排出量のうち約3割〜4割が建築産業の活動に起因していると言われている[8]。また、我々人間は屋内で過ごす時間が長いことから、その屋内環境が劣悪であれば当然滞在者の健康にも影響を及ぼす。このように建築産業は社会的／環境的な多くの側面にも多様な影響を及ぼしている。

7　（出典）一般社団法人日本建設業連合会：建設業ハンドブック2018、2018.7、https://www.nikkenren.com/publication/handbook.html

8　（出典）環境省：日本の温室効果ガス排出量、https://www.env.go.jp/earth/ondanka/ghg.html

以上のように建築産業は経済、社会、環境の三側面に大きな影響を及ぼしている。SDGs達成のためにはこれらの側面に留意した統合的取組が不可欠で、その効果として以下のようなものが考えられる。

① 部分最適に陥りがちな企業の各部門における取組の、全体としての最適化
② 部門間のトレードオフ問題や利益相反問題の緩和
③ シナジー（相乗）効果やコベネフィット（相乗便益）[9]の創出

　ゴールやターゲットの間には様々な相関関係が存在することがある[10]。正の相関や負の相関により、シナジー効果やトレードオフが発生する。SDGsの導入に際しては、このような側面にも留意することが必要である。

　次頁の表1.1に、17のゴールと建築産業が果たし得る役割の関係を例示する。建築産業とSDGsの間の密接な幅広い関係を俯瞰することができる。なお、俯瞰的に示されるこれらの課題を、自社の課題として取り込む方法については3章、4章で解説する。

9　一つの活動が様々な利益につながっていくこと。建築産業における事例として、建築物の断熱性能向上への取組が省エネ性能の向上や居住者の健康増進、快適性の向上などにつながることが挙げられる。

10　（出典）Cameron Allen, Graciela Metternicht, Thomas Wiedmann：Sustainability Science（Vol. 13, pp. 1453-1467）, 2018.9

表1.1　建築産業の取組とSDGsの17のゴールとの関係

ゴール	建築産業の果たし得る役割（事例）
	1. 貧困をなくそう 建築産業はすべての人が必要最低限の暮らしを確保することができるように、セーフティネット住宅やアフォーダブル住宅[11]の供給、途上国への技術的支援や資金援助など、より安価で安全な建築物の供給を行うことができる。
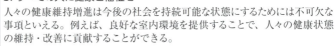	2. 飢餓をゼロに 建築産業は、スマートアグリカルチャーなど建築物内における食料生産の支援を行うことが可能である。建築・土木分野のノウハウを活かし、都市農業を含む食料生産活動を支援し、安全な食料確保に貢献することもできる。
	3. すべての人に健康と福祉を 人々の健康維持増進は今後の社会を持続可能な状態にするためには不可欠な事項といえる。例えば、良好な室内環境を提供することで、人々の健康状態の維持・改善に貢献することができる。
	4. 質の高い教育をみんなに 環境の整えられた優れた教育施設の整備は、次世代の国民を育成するために不可欠である。また、技術教育や職業教育などを通じて、建築産業としての専門性を高めるための人材育成に貢献することができる。
	5. ジェンダー平等を実現しよう 建築産業におけるジェンダー平等と女性のエンパワーメントに関する取組は極めて重要である。例えば、あらゆる建築計画においてジェンダー平等を推進することで、すべての人々の能力強化に貢献することができる。
	6. 安全な水とトイレを世界中に 衛生設備の整備は建築産業の基幹的事業である。建設工事に伴う排水の削減や中水利用建築の普及促進など、水質を良好に保つことも建築産業の大事な責務である。また、衛生設備に関する途上国の支援においても貢献することができる。
	7. エネルギーをみんなにそしてクリーンに 建築物の省エネ・再エネ利用の推進は、地球環境への負の影響を抑制すると共に建築物の運用コストの削減にも繋がる。さらに、省エネを目的とした建物の断熱性向上は、人々の健康状態にも良い影響を与える。
	8. 働きがいも経済成長も 建築関連企業の取組は、すべての人々の良好な生活基盤の提供に貢献する。また、環境不動産の市場形成などにより新規雇用の創出と経済活性化に大きな貢献を果たす。
	9. 産業と技術革新の基盤をつくろう 建築産業は、すべての産業に対して活動の基盤を提供する。建築産業はあらゆる社会情勢や環境の変化に適応することのできる建物を創出するだけでなく、持続可能かつ強靭なインフラの整備をすることができる。

11　低所得者の住宅だけでなく、中所得者層、特に初めての住宅購入者に対しても、購入・賃借可能な住宅

10. 人や国の不平等をなくそう
建築産業は、様々な人々が暮らし、働き、憩い、Well-beingを実現するための場を創り出していく産業である。すべての人々に良好な居住環境を提供することで、不公平・不平等のない社会の構築に貢献することができる。

11. 住み続けられるまちづくりを
全世界的に都市化が進む中で建築産業の果たし得る役割は益々大きくなっている。建築物は都市の基盤であるため、より良い建築物を普及させることで、持続可能な都市の創出に貢献することができる。

12. つくる責任つかう責任
環境負荷抑制のために、建物の設計者にも使用者にもその責任が問われる。例えば、建物の長寿命化と効率的な利用で、資源の利用効率を向上させることができる。

13. 気候変動に具体的な対策を
建築分野（建設と運用）における温室効果ガス排出量は世界全体の約30～40％を占めており[12]、気候変動に大きな影響を与えている。建築分野において効率的なエネルギー利用技術を活用し、コスト効率に優れた対策を実施することで気候変動の緩和に大きく貢献する。

14. 海の豊かさを守ろう
海洋汚染の原因の約8割は陸上の活動に起因していると言われている。例えば、建築産業全体で対策を講じることで建築物が由来で発生したプラスチックなどによる海洋汚染の抑制に貢献することができる。

15. 陸の豊かさも守ろう
自然生態系の保護と土地利用計画は密接な関係があり、建築産業が大きな役割を有するといえる。例えば、建築物への地場産材の活用は森林や生物多様性の保全に貢献することができる。

16. 平和と公正をすべての人に
平和で公正な社会を構築する上でも建築産業は大きな責務を負っている。例えば、サプライチェーンにおける取引の公正化などを通じて平和で公正な社会の構築に貢献することができる。

17. パートナーシップで目標を達成しよう
建物の計画から施工、運用、廃棄まで様々なアクターが関わる建築産業は、パートナーシップなしでは活動が成り立たない。パートナーシップの強化を図ることで、SDGsの達成に貢献することができる。また、ODAを通じて世界のインフラ整備に貢献することができる。

---

12 （出典）UN Environment: Towards a zero-emission, efficient, resilient buildings And construction sector Global status report 2017, http://www.worldgbc.org/sites/default/files/UNEP%20188_GABC_en%20%28web%29.pdf

1-4-2. ESG・SDGs時代到来の背景と建築産業の今後

　グローバルなスケールで幅広いゴールの達成を追求するSDGs時代を迎え、産業界も変革の時期を迎えている。これは20世紀の大量消費文明のもたらす歪が、環境を含む多くの側面で深刻化し、新たな価値体系に基づく文明のあり方を模索する近年の動向と対応しているものといえる。企業経営においても、CSRやCSVの推進などその影響は顕著に現れつつある。企業価値評価における有形価値重視から無形価値重視への移行、投資・金融における財務的価値重視から非財務的価値重視への移行等の傾向は上記のマクロなトレンドと軌を一にするものであり、SDGsはこのような傾向を受けて提案・採択されたものであるといえる。上記のようなマクロトレンドへの対応は、当然建築産業においても必要性が高まっており、このような動向を反映した経営戦略の策定が求められている。これについては、2章、3章で解説する。

　投資・金融の世界においては、2006年に国連環境計画金融イニシアティブ（UNEP FI）及び国連グローバルコンパクトとのパートナーシップにより責任投資原則（PRI）[13]が発足し、多くの投資機関がESGの課題を投資の意思決定や所有慣習に組み込み、受益者のために長期的な投資成果を向上させることを提唱した。PRIに署名する金融機関数と運用資産額は年々増加しており、2018年6月末時点の運用資産額は82兆ドルにまで達している。このような背景から、長期的投資家のプレゼンスが高まっており、企業を評価する視点が、短期間の業績だけでなく、長期的な持続可能性や社会的存在意義を問う方向にも広がりつつある。建築産業においても、投資分野におけるこのようなグローバルな動向を踏まえて、円滑な資金メカニズムが構築されるようSDGsの理念を踏まえた経営戦略を練る必要がある。

13　（出典）責任投資原則（PRI: Principles for Responsible Investment）HP、https://www.unpri.org/

SDGsの多様な取組を、投資・金融を通じて支援するのがESG投資と考えることができる。2015年にPRIに署名したGPIF（年金積立金管理運用独立行政法人）は、図1.6により、ESG投資と投資先企業のSDGsへの取組が、表裏の関係にあることを示した。

図1.6　ESG投資とSDGsの関係[14]

　さらに、PRIがコンサルティング企業のPwC（プライスウォータークーパース社）と共に2017年10月に機関投資家に対してSDGs達成に向けて積極的に貢献するように呼び掛けたレポート「The SDG Investment Case」を公表するなど、近年はESG投資よりも広範な範囲を対象とするSDG投資という言葉が登場している。以上のように、SDGsがもたらす事業機会を掴み取れるか否かが企業の成長に影響を及ぼす時代が到来している。このような時代の中で建築産業がSDGsの理念をどのように捉えて自社のビジョン、経営計画、行動目標に反映させていけばよいのか指針を示すのが本ガイドラインの役割である。

　SDGs達成に向けて取組を行っている企業の現況について調査した結果を次項のコラム3に示す。

14　（出典）GPIF、ESG投資とSDGsのつながり、https://www.gpif.go.jp/investment/esg/

次章では建築産業におけるSDGs導入の必要性とメリットについて触れ、続く3章ではSDGs導入に向けたビジョンと経営計画の策定方法を示す。最後の4章では目標設定と進捗管理、及び関連するステークホルダーとのパートナーシップの推進の下でSDGs達成と自社の持続的成長に向けた取組を強固なものにする方法論を紹介する。

コラム3　建築産業におけるSDGs導入状況

下図は、会社四季報ONLINEに掲載されている合計33業種、2,071社が公開するレポートにおいてSDGs関連語句（持続可能な開発目標、SDGs、2030アジェンダ）を記載している企業の割合を産業・年次別に示したものである[15]。

建築産業は、2015年時点では0%であったが、2016年時点では18.8%（12社）となり、国内平均の18.2%を超えていることが明らかとなった。2017年時点では37.0%（20社）に達しており国内平均の36.1%をわずかに上回っている。

今後、SDGsの達成に向けた取組が地域に根差した経営を行っている地方の工務店等にも広がれば、地域の活性化や持続可能な社会の実現につながるものと考えられる。世界全体のグローバルな開発目標であるSDGsを全国各地の独自の事情に沿った形で「ローカライズ」し、課題解決につなげていくことが求められている。

15　（出典）石井祐太、川久保俊、出口清孝、村上周三他：2018年度日本建築学会大会（東北）、2018.9

2章

建築産業における
SDGs導入の必要性とメリット

2-1. 建築産業における SDGs 導入の背景

　2章では、前章で概説したSDGsが、建築産業とどのように関わってくるか、なぜ建築産業がSDGsに取り組む必要性があるのかについて説明する。また、建築産業がSDGsに取り組むことは、経済・社会・環境の諸課題の解決に貢献すると同時に、各企業の新たなビジネスチャンスの創出やリスク削減、経営効率の向上等に繋がり、企業にとっても多くのメリットをもたらすことを、具体的な事例を交えて説明する。

2-1-1. 建築産業の共通理念としてのSDGs

1) 本ガイドラインが取り扱う建築産業の概観

　本ガイドラインが対象としている「建築産業」（不動産業、一般建築産業、住宅産業等）は、様々な素材・部材を調達し組み立て住宅や建築物などのハードを整備するという「ものづくり産業」としての側面を持つと同時に、様々な人々が暮らし、働き、憩い、Well-being[16]を実現するための場を創り出していく「総合生活産業」としての側面も併せ持つ産業である。また、建築産業はGDPの2割[17]を占め、都市・地域経済を支える基幹産業の一つであるとともに、建築行為を通じて地域の自然環境を改変し、少なくない環境負荷を発生している産業でもある。

　すなわち、建築産業は、わが国の経済、社会、環境に多大な影響を及ぼしており、それらへの配慮を欠く場合には、人々の生活に対して悪影響を及ぼす可能性があることに加え、地球・人類・生物などに重大なダメージを与える危険性もはらんでいる。持続可能な社会の構築に向け、建築産業の責任は大きく、また、貢献が期待されている産業であると言える。

　一方、現在のわが国の建築産業は大きな構造的変化の時代を迎えている。人口減少・少子高齢化は建築や都市に対する需要を量・質ともに変化させるとともに、産業の担い手不足をもたらしている。全国で構築されてきた建築ストックや都市インフラは成熟期を迎え、今後一斉に更新期を迎えることが国土強靭化上の大きな課題となるとともに、ストックが資産評価額として十分に積み上がらず国富の損失を招いている。パリ協定に基づく脱炭素や、グリーンインフラの概念の登場により、環境規制の遵守と

16　Well-being：SDGsの仮訳は「福祉」としており、「幸福」と訳されることも多い。1946年の世界保健機構（WHO）憲章では「健康とは、単に病気あるいは虚弱でないというだけでなく、肉体的、精神的、社会的に完全に良好な状態（well-being）である」と表現されている。

17　国民経済計算における「建設業」および「不動産業」の合計産出額約91兆円。国内総生産（2016年）538兆円の約2割に相当する。

環境共生の要請が益々強くなっている。IoT・AI・ロボティクス等の急速に進展するテクノロジーは、豊かな社会や競争力ある産業を実現する可能性を秘める一方、適切に対応できない産業の新陳代謝を早めることになる。発展途上国等における急速な経済成長に伴う都市化の進展は、わが国の質の高いインフラ整備の技術と経験が貢献できる領域を大きくしていると言える。

2) 今後の建築産業の共通理念としてのSDGs

こうした構造的変化が急速に進む時代において、これまで建築産業がカバーしてきた事業領域や成功を収めてきたビジネスモデルが、今後も盤石であるという保証は一切ない。むしろ、「持続可能な社会の構築」に向けて自らの社会的使命・ミッションとは何かを問い直し、新たな社会課題を基点にして次世代の事業を構想していくことが求められてくる時代となっている。上記のような構造的変化の時代を背景として、持続可能な社会の構築に向けて中長期的に目指すべき方向性・ゴールを示しているのがSDGsであり、建築産業に携わる全てのステークホルダーが共有すべき共通理念と位置づけられる。

政府はSDGsの導入を主要な政策課題と位置づけ、推進本部を設置してこれを推進している。産業分野もこれに賛同し、SDGsを企業経営に取り入れ、CSRやコンプライアンスに留まらず、事業活動を通じて社会的課題の解決に一層の貢献を果たしていくという考え方を表明している。2017年11月に日本経済団体連合会が改定した「企業行動憲章」(図2.1)や、2018年4月に不動産協会が公表した「国際競争力強化にむけた都市再生の取り組みと今後の展望」(図2.2)など、様々な業界団体がSDGsの導入を表明し、建築産業に限らず多くの企業にSDGsが浸透しつつある。

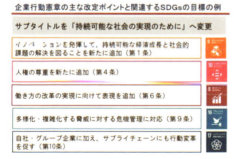

図2.1　SDGs導入に向けた日本経済団体連合会における企業行動憲章の主な改定ポイント[18]

18　(出典) 一般社団法人日本経済団体連合会、「企業行動憲章」参考資料、2017.11、http://www.keidanren.or.jp/policy/cgcb/charter2017.html

本章では、建築産業がSDGsに取り組む必要性を説明するとともに、SDGsに取り組む企業にもたらされる具体的なメリットを紹介する。

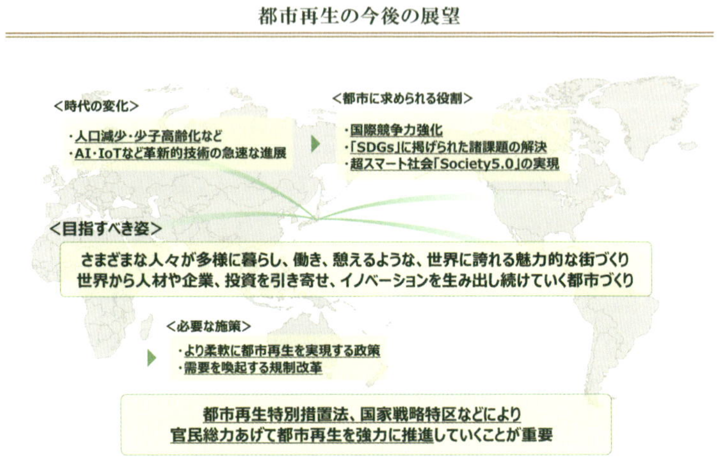

図2.2　業界団体におけるSDGsの対応事例 (不動産協会)[19]

2-1-2. 建築産業版SDGsの概要

　1章で解説したとおり、建築産業における事業活動はSDGsの17全てのゴールとそれぞれ密接に関係している。この17ゴールと建築産業の関係性をよりわかりやすく理解するための一つの方法として、17のゴールを3階層に分類して積み重ねてウェディングケーキ形状で表現した「SDGsのウェディングケーキモデル」(作：Johan Rockström and Pavan Sukhdev) (図2.3) の事例が参考になる。

　SDGsのウェディングケーキモデルは、環境 (生物圏) レイヤー、社会レイヤー、経済レイヤーから構成されており、環境レイヤーにはゴール15 (陸の豊かさ)、ゴール14 (海の豊かさ) 等が、社会レイヤーではゴール11 (住み続けられるまちづくり) やゴール3 (健康と福祉) 等が、経済レイヤーではゴール8 (働きがいと経済成長)、ゴール9 (産業と技術革新の基盤) 等が位置づけられ、中心をSDGsの基幹理念の一つであるゴール17 (パートナーシップ) が貫いている。17のゴールを並列に並べるのに比べ、3つの階層に分類することにより持続可能社会構築に向けた一つの考え方が示されており、

19　(出典) 一般社団法人不動産協会、「国際競争力強化にむけた都市再生の取り組みと今後の展望」、2018.4、
　　https://www.kantei.go.jp/jp/singi/tiiki/toshisaisei/dai37/siryo3_mitsui.pdf

SDGsの全貌の理解が進展しやすくなる。

　この構造を建築産業に適用した場合、各レイヤーには以下のようなテーマをあてはめることが出来る。

環境（生物圏）レイヤー：自然資源の保全、気候変動等に適応したレジリエントなインフラ整備　等
　　　　社会レイヤー：社会資本整備、人的資本・地域コミュニティ等の社会関係資本整備　等
　　　　経済レイヤー：活力やイノベーションを生む建物/まちづくり、持続可能なサプライチェーンの構築、外部不経済の最小化　等

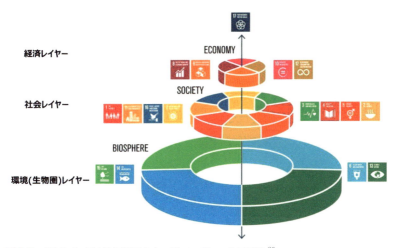

図2.3　SDGsにおける3階層のウェディングケーキモデル[20]

20　（出典）SDGs "wedding cake" illustration presented by Johan Rockström and Pavan Sukhdev, http://www.stockholmresilience.org/research/research-news/2016-06-14-how-food-connects-all-the-sdgs.html

2-2. SDGs導入の必要性

2-2-1. SDGs時代の到来と企業経営の変化

1) 複雑化・多様化する社会課題

　経済レイヤー、社会レイヤー、環境レイヤーに関わる諸課題の取組において、例えば人口問題や高齢化問題、労働問題、女性活躍促進に関する問題、都市や社会のレジリエンスに関する問題、気候変動も含めた環境・エネルギー問題など、様々な問題が複雑に絡み合った多様な社会課題が存在するが、これらは国内にとどまらずグローバル化した国際社会と密接に関連している。

　これらの複雑化・多様化した社会課題に対しては、個々の課題に個別に対応していくだけでは十分ではなく、相互に関連する複数の課題に対して経済・社会・環境の全ての側面から統合的にアプローチすることが有効である。

　また、個々の主体が単独で課題解決を図るのではなく、各主体が統合的なビジョンを共有し、連携して対応していくことも重要である。例えば、政府主導による課題解決策の立案・実施だけではカバー可能な範囲や効果に限界があり、民間企業や市民団体も含めたすべてのステークホルダーのパートナーシップによる課題解決の取組が求められている。

2) 事業活動を通じた社会的貢献

　「企業は社会の公器」（松下幸之助氏）や、「三方良し（売り手良し、買い手良し、世間良し）」（近江商人）などに代表されるように、日本企業には従来から事業活動を通じて社会貢献をおこなうという企業文化が根付いている。近年においても日本経済団体連合会が2017年11月に改定した企業行動憲章において、「CSRやコンプライアンスに留まらず、事業活動を通じて社会的課題の解決に貢献していくという考え」が強調されている。

　これは、企業の社会的責任を、CSR活動や、コンプライアンスのようなリスク管理を主目的とした活動に限定するのではなく、中長期的に重要となる社会的課題を基点とした新たな事業やビジネスモデルを創造し、社会的課題の解決と企業の経済成長を両立させようという発想に基づく経営戦略である。

　また、企業のビジョンや目標設定の考え方においても変化の兆しが見られる。図2.4に示すように、自社の過去のトレンドや競合の動向等から目指すべきビジョン・目標を決定する「インサイド・アウト・アプローチ」から、社会的・世界的な視点から何が必

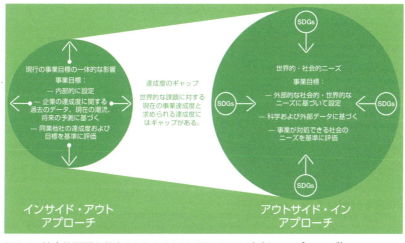

図2.4 社会的課題を起点としたアウトサイド・インのビジネスアプローチ[21]

要かを検討し、それに基づいてビジョン・目標を設定するという「アウトサイド・イン・アプローチ」を採用するリーディング企業が増加している。アウトサイド・イン・アプローチでは、バックキャスティングの視点から科学的根拠に基づき意欲的なビジョン・目標を設定するケースが多く見られ、現時点で予想される達成度とのギャップを埋めるためにイノベーションの創出やステークホルダーとの連携等が促進される効果が期待されている。

3) Society5.0（超スマート社会）とSDGs

Society5.0は、第5期科学技術基本計画（2016〜2020年）で政府が提唱した基本ビジョンで、「サイバー空間とフィジカル空間を高度に融合させたシステムにより、経済発展と社会的課題の解決を両立する、人間中心の社会（超スマート社会）」である。

IoT・AI・ロボティクス等の急速に進歩するテクノロジーや新たなイノベーション分野は、生産性の飛躍的向上、環境・エネルギー問題の解消等の多くの社会課題を根本的に解決し、豊かな社会や競争力ある産業を実現する可能性を秘めている一方、副作用として大量失業や監視社会、格差拡大等の新たな社会課題を招くことも懸念されている。そこで、各個の新たなテクノロジーやイノベーションがどのような社会課題の解決に結びついているか、そして個々のテクノロジーやイノベーションを総合的に俯瞰

---

21 （出典）GRI、国連グローバルコンパクト、WBCSD：「SDG Compass」．
http://sdgcompass.org/wp-content/uploads/2015/12/019104_SDG_Compass_Guide_2015.pdf

した際に、それらが持続可能な社会の構築に貢献しているかどうかに関心が集まるようになった。その結果として、テクノロジーやイノベーションが最終的に目指すべきゴールとしてSDGsが位置づけられることになった。

日本経済団体連合会は、図2.5に示すように2017年11月に「Society5.0 for SDGs」としてSociety5.0とSDGsが軌を一にしていることを明記した。更に、2018年7月には、傘下企業のイノベーション事例を紹介する「INNOVATION FOR SDGs －ROAD TO SOCIETY5.0－」を発行したほか、多様なステークホルダーとの接点やヒントを提供しイノベーション創出を促すことを企図した「SDGs特設サイト」を開設するなど、「Society5.0 for SDGs」を推進している。

図2.5 Society5.0 for SDGs[22]

4) ESG投資の主流化

ESG（環境・社会・ガバナンス）の取組は、経済的利益の追求のみならず、環境・社会的配慮にも積極的に取り組み、財務・非財務ともにバランスの取れた企業ガバナンスの推進を意味する。

1章の1-4-2で述べたように、SDGsの多様な取組を、投資・金融を通じて支援する

---

22 （出典）一般社団法人日本経済団体連合会、「企業行動憲章」参考資料、2017.11、http://www.keidanren.or.jp/policy/cgcb/charter2017shiryo2.pdf

のがESG投資と考えることができる。ESG投資は、特に長期安定的な資産運用を志
向する年金運用機関等を中心に積極的に推進されており、日本においても年金積立金
管理運用独立行政法人（GPIF）が2017年より1兆円規模でのESG投資を始めた。ま
た、表2.1に示す通り、世界ではESG投資額は22兆8,900億米ドル（2016年）となっ
ており、年平均成長率は約11.9%と急成長している。特にヨーロッパでは全体の投資
額に占めるESG投資の割合が50%を超えており、主流化している。このような金融
分野の動向は、SDGsの取組を支援する大きな力となっている。

表2.1　ESG投資の資産運用額（2014～2016年）[23]

地域	2014年	2016年	左記期間の成長率	年平均成長率
ヨーロッパ	10,775	12,040	11.7%	5.7%
アメリカ合衆国	6,572	8,723	32.7%	15.2%
カナダ	729	1,086	49.0%	22.0%
オーストラリア/ニュージーランド	148	516	247.5%	86.4%
アジア（日本除く）	45	52	15.7%	7.6%
日本	7	474	6689.6%	724.0%
合計	18,276	22,890	25.2%	11.9%

※金額の単位は10億$

　ESGに力を入れる企業への投資が急増する一方で、ESGに十分に配慮していない
と見なされた企業は世界的な資金循環の流れから外され、資金調達が不利となるリス
クに直面しつつある。

　2006年からESGを推進してきたPRI（責任投資原則）は、2017年10月に機関投資
家に対してSDGs達成に向けて積極的に貢献するように呼び掛けるレポート「The SDG
Investment Case」を公表するなど、近年はESG投資よりも広範な範囲を対象とする
「SDG投資」や「SDI（Sustainable Development Investment）」というキーワードが
登場している。

　企業においては、財務情報だけでは測ることのできない非財務情報を評価、開示
し、自らの行う事業活動を通じて如何にSDGsの達成に貢献しているかを明らかにす
ることが世界的な潮流になりつつある。

23　（出典）Global Sustainable Investment Alliance、「2016 Global Sustainable Investment Review」、2017.3、
　　http://www.gsi-alliance.org/wp-content/uploads/2017/03/GSIR_Review2016.F.pdfを元に作成

5) 企業価値の源泉としての無形資産の重要性

　企業価値を決定する要因は、有形資産（工場施設など）から無形資産（人材、技術、ブランドなど）に変化してきている。既に、米国企業における無形資産への投資比率（企業の生産活動により生じた粗付加価値に占める割合）は、有形資産への投資比率を上回り、現在もその差が広がっている（図2.6）。また、米国S&P500（米国に上場する主要500銘柄の株価指数）の市場価値に占める無形資産の割合は、年々拡大している（図2.7）。

　一方、建築産業は、住宅や建築物などの有形資産を整備する「ものづくり産業」であると同時に、人々が暮らし、働く場においてWell-beingや知的生産性を高めることにより、無形資産の形成に貢献することができる産業でもある。人材、技術、ブランドなどの無形資産が企業価値を大きく左右する時代において、建築産業が有形資産の形成のみならず、いかに無形資産の形成に貢献しうるか、ひいてはSDGsにおけるゴール9（産業と技術革新の基盤をつくろう）、ゴール11（住み続けられるまちづくりを）、ゴール12（つくる責任つかう責任）等の達成に貢献しうるかが問われてきている。

図2.6　米国企業の有形・無形資産に対する投資[24]

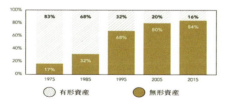

図2.7　S&P500の市場価値に占める無形資産の割合[25]

24　（出典）The End of Accounting (Baruch Lev, Feng Gu), Willy Financial Seriesを元に作成
25　（出典）Ocean Tomo LLC：Intangible Asset Market Value Study, を元に作成
　　http://www.oceantomo.com/intangible-asset-market-value-study/

2-2-2. SDGsの観点による建築産業の課題の構造化

2-1-2で解説したとおり、持続可能社会構築に向けた建築産業の課題の構造はSDGsのウェディングケーキモデルの事例等を用いることにより理解が容易になる。建築産業が直面する諸課題について、経済レイヤー、社会レイヤー、環境レイヤーに整理して以下に説明する。なお、3つのレイヤーを貫くゴール17に関しては3章の3-4等で詳しく説明する。

従来の社会課題や事業活動を単独かつ短期的に捉える視点では見えづらかった取組について、SDGsはその重要性への気づきを与えるための有効なツールとなっている。すなわち、SDGsは課題解決だけでなく課題発掘のツールという側面も持っている。後者の側面への気づきを積み重ねることが、建築産業が直面する多様な課題への統合的な取組を加速させることに繋がる。

1) 建築産業版SDGsにおける経済レイヤーの課題

建築産業においては、慢性的な人手（職人）不足をはじめとして多様な社会経済的課題の顕在化・深刻化が見込まれている。これらの多様化する社会経済的課題を同時に解決していくためには、前述のとおり統合的な取組の視点が重要であり、SDGsの理念はその基盤となる。

例えば、国内には第二次大戦後から高度経済成長期を中心に全国で構築された多くの都市インフラが存在し、これらの都市インフラが今後更新期を迎えることは国土強靱化上の大きな課題となっている。住宅については、日本の住宅投資の累計額（1969-2013）が約893兆円であるのに対し、住宅ストックの資産評価額は約350兆円と、投資額を540兆円以上も下回っており、住宅ストックが資産として積みあがっていない状況にある[26]。これは、社会にとっても、個人にとっても大きな損失であり、SDGsの理念を通じて住宅資産の継続性に対する価値観や評価システムを変えていくことが求められている。

今後のまちづくりにおいて、「新築」と「改修」は"車の両輪"と言うべき施策である。他の財より一桁長い寿命を有するインフラや建物は、設計段階からトータルの工程簡素化や長期メンテナンスなど、"つくる責任つかう責任（ゴール12）"を前提としておくべきであるといったように、SDGsの視点から「新築」と「改修」を捉えることで両者をつなぐ取組の重要性が見えやすくなる。

---

26 （出典）国土交通省、中古住宅市場活性化ラウンドテーブル報告書、2015.3、http://www.mlit.go.jp/jutakukentiku/house/jutakukentiku_house_fr2_000022.html

また、統合化による社会課題への対応力を高めていくためには、専門的能力を有する多様な人材が不可欠であり、テクノロジーイノベーションによって生じる新たな職種に応じた人材を如何に育て、如何に活躍させるかが極めて重要となってくる。

　建築産業による経済レイヤーにおける課題解決への取組としては、次のような例が挙げられる（表2.2）。

表2.2　建築産業における経済レイヤーの課題（事例）

関連するゴール	取組例
8.働きがいも 　経済成長も	・建築産業における働き方改革（処遇改善・就労者支援等） ・プレハブ推進、ロボット等の開発による生産性向上 ・優良ストックの蓄積と資産評価額の増加 ・景気変動に左右されにくい事業ポートフォリオ構築 ・知的生産性・健康性の高い建物（スマートウェルネスオフィス・ハウス）の創造を通じた経済成長の実現　等
9.産業と技術革新の 　基盤をつくろう	・スマートインフラ管理の推進、蓄電池の導入促進 ・途上国に対するインフラ技術支援　等
10.人や国の不平等を 　　なくそう	・途上国での雇用創出 ・障害者雇用　等
12.つくる責任 　　つかう責任	・長寿命建築の推進 ・木造・木質建築の推進と地域材の使用 ・違法伐採木材の不使用 ・持続可能なライフスタイルの提案 ・持続可能なサプライチェーンの構築 ・ビルオーナーとテナントが共同で運用エネルギー消費量を削減、グリーンリース　等

2）建築産業版SDGsにおける社会レイヤーの課題

　人口減少、超高齢社会、女性活躍促進などの社会課題に対しても、また空き家問題への対応、バリアフリーなまちづくり、保育園不足の解消などに代表されるような人々の生活の場である"まち"をつくる課題に対しても、建築産業が果たすべき役割は大きくなっている。

　例えば、コンパクトシティの推進によって生じる遊休不動産の有効活用や地方再生、持続可能なエネルギー供給を実現するためのインフラ整備など、まちづくりを通じて対応すべき社会課題は多く存在する。そのようなまちづくりを実現するためにはSDGsによる共通の理念を、行政当局や市民等の各主体が共有して取り組んでいくことが重要である。

　一方で、コンパクト化と周辺地域の過疎化、利便性の向上とエネルギー消費量の削減といったように、社会課題を解決する上では様々なトレードオフが生じる。このよう

な問題に対処するためにも、SDGsが示すゴール・ターゲットを共有し、統合的に取り組むことが有効である。すなわち、ゴール・ターゲット間の相関関係に留意し部分最適でなく全体最適の視点に立つことにより、トレードオフ問題やシナジー効果問題に対して現実的な解を見出すことが容易になる。

建築産業による社会レイヤーにおける課題解決への取組としては、次のような例が挙げられる（表2.3）。

表2.3　建築産業における社会レイヤーの課題（事例）

関連するゴール	取組例
1.貧困をなくそう	• アフォーダブル住宅、セーフティネット住宅の推進　等
2.飢餓をゼロに	• 食料生産関連施設等の海外展開　等
3.すべての人に健康と福祉を	• 福祉施設不足の解消 • サービス付き高齢者向け住宅の供給、及び在宅医療における地域包括ケアへの協力 • 住宅の断熱性能向上による健康の維持増進　等
4.質の高い教育をみんなに	• 質の高い教育を提供しやすい学校建築の普及 • 国内外における技能訓練・研修制度整備の支援　等
5.ジェンダー平等を実現しよう	• 女性が活躍しやすい現場環境の整備、育児休暇の取得促進 • 女性社員の増加、女性管理職の増加　等
7.エネルギーをみんなにそしてクリーンに	• 再生可能エネルギー活用の推進 • バイオマス燃料、水素エネルギー活用 • グリーンボンド活用 • ZEB/ZEH、LCCM住宅の普及推進　等
11.住み続けられるまちづくりを	• コンパクトシティへの取組 • スマートシティ、スマート防災エコタウン等への取組 • 高耐震・耐震改修等の推進 • 環境認証（CASBEE等）の取得拡大と環境不動産の普及促進 • 歴史的建築物の保存 • 都市緑化、グリーンインフラ拡大 • Society5.0に対応した最先端技術の導入（IoT、BIM/CIM等）等
16.平和と公正をすべての人に	• サプライチェーーンマネジメント・調達における公正な取引の徹底　等

045

3) 建築産業版SDGsにおける環境レイヤーの課題

　近年の国際的な省資源、脱炭素化の必要性の高まりを受け、建築産業においても優先的かつ抜本的な省資源化、脱炭素化が求められており、これらの実現に向けた真摯な取組と不断の技術開発が必要である。

　エネルギー消費量の削減に関しては、既に建物の長寿命化やZEB/ZEH、LCCM住宅等に代表される省エネルギー建築の建設、運用改善によるCO_2排出量削減、再生可能エネルギーの活用、地域におけるエネルギー融通など多くの取組が推進されている。資源消費量の削減についても、リデュース・リユース・リサイクル（3R）、既存建物・躯体等の再利用、プレファブリケーションの推進などの取組が行われている。

　また、住宅におけるエネルギー消費は人々の生活そのものから生じるものであるため、サービスレベルを低下させることなくいかにこれを削減するかが大きな課題となる。我慢の省エネは長続きしない。一方、今後住宅に設置される太陽光発電設備の容量が拡大すると、住宅が「エネルギーの消費側」ではなく「エネルギーの供給側」としての役割を担うこととなり、その際の蓄電設備の整備など大きな構造変化も見据えた取組が重要となる。

　SDGsの理念を共有することは、これらの多様な課題に対する統合的取組を加速させるとともに、持続可能な社会の構築に向けた各主体の取組を調和させることができる。例えば、施主と施工者、オーナーとテナントといったように、しばしば利害関係が対立する利害相反問題に対して、SDGsが示す未来志向の最終的なゴールを明確に示すことによって両者が協働する意義が明確化され最終的な合意を導き易くなる。

　建築産業による環境レイヤーにおける課題解決への取組としては、次のような例が挙げられる（表2.4）。

表 2.4 建築産業における環境レイヤーの課題 (事例)

関連するゴール	取組例
6. 安全な水とトイレを世界中に	• 水資源保護に向けた影響評価 • 新興国への水処理・排水処理施設の展開 • 超節水・中水利用建物の供給促進 • PPP による持続可能な上下水道運営 等
13. 気候変動に具体的な対策を	• 再生可能エネルギーの利用 • 地域におけるエネルギー融通 • 気候変動に適応したレジリエントなインフラ整備 • 快適性と省エネルギーを両立する建築の推進普及 • 最小のエネルギー消費量とする ZEB・ZEH の普及推進 • 運用改善による継続的な省エネルギー • 建設時／改修時／廃棄時の CO_2 排出量のさらなる削減 (LCCM 住宅等) • 長寿命建物の推進、普及 等
14. 海の豊かさを守ろう	• マイクロプラスチック汚染の原因となる廃棄物の削減 • 海と連生する森林資源の保護 等
15. 陸の豊かさも守ろう	• 生物多様性に配慮したまちづくり • 地域緑化、都市緑化の推進 • グリーンインフラ拡大 • 国産木材、持続可能な森林資源、CLT 工法の活用 等

2-2-3. SDGsによる経済・社会・環境の取組の統合化

持続可能な社会を構築する過程では、生活者、事業者、行政等、多くのステークホルダー間や、経済、社会、環境の諸活動の間に様々な相関関係が存在し、少なからず相乗効果やトレードオフを発生させる。これらの課題に対応するための出発点として、経済、社会、環境等を構成する要素や要素間の関係性を構造化し、これら3側面をつなぐ統合的取組を推進することが重要である（図2.8）。このような統合的取組により、相乗効果による新たな価値の創造、部分最適から全体最適への視点の転換、トレードオフ問題の緩和などを追求していくことが可能となる。

次頁以降では、3側面をつなぐ統合的取組により、より多くのステークホルダーと共有可能な価値を創造した事例を示す。

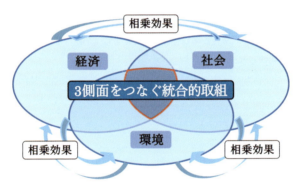

図2.8　3側面をつなぐ統合的取組による相乗効果の最大化

2-2-4. 統合的取組による共有価値の創造

1) 共有価値創造の事例①　～国際貢献とインフラ輸出～

　グローバルスケールで持続可能な社会を構築していくためには、先進国が世界に先駆けて培った課題解決のための技術を、課題に直面している途上国に移転（国際的共有）することが重要である。我が国の有する質の高い住宅・建築・都市インフラに関連する技術は世界各地への展開が期待されている。建築・都市インフラには、住宅・オフィス、学校・病院などの公益施設、ごみ処理施設・し尿処理施設、空港ターミナル・駅舎・交通ターミナル、公園などがある。例えば、国内で培われた蒸暑気候（高温多湿気候）への対応技術は日本が世界で大きく先行しており、今後急速な経済発展が見込まれる同じ蒸暑気候を有するアジア諸国にその技術を展開していくことが求められている。また、日本の高品質・高精度な建築生産技術は、海外において極めて評価が高く、これを海外展開していくことは大きな国際貢献となる。（参考：コラム4）

　このような「インフラ輸出」は政府の方針ともなっており、官邸による「インフラシステム輸出戦略」（2017年5月改定）や国土交通省による「インフラシステム海外展開行動計画2018」（2018年3月）等の戦略や行動計画がとりまとめられるとともに、産業界においても日本経済団体連合会を中心とした取組が進んでいる。

　インフラ輸出を通じた国際貢献にあたっては、国際的な共通言語であるSDGsを活用することで、インフラ関連技術により達成に貢献可能なゴール・ターゲットを全ての国の関係者にわかりやすく伝えることが可能となり、円滑な国際貢献・展開を図ることが可能となる。

> **コラム 4** 途上国へのインフラ技術の移転（事例）東急不動産
> ～メガクニンガン・プロジェクト（インドネシア）～
>
> 東急不動産は、2017年12月に現地子会社である東急不動産インドネシアを通じて、インドネシア共和国のジャカルタ市内中心部にあるメガクニンガンエリアで分譲住宅・賃貸住宅・商業施設からなる大規模複合開発事業に着手することになった。このプロジェクトは、日本国政府などが出資する（株）海外交通・都市開発事業支援機構（JOIN：Japan Overseas Infrastructure Investment Corporation for Transport & Urban Development）の参画を得て共同で開発を進めている[27]。
>
> また、このプロジェクトは日本企業が開発、設計、施工、管理運営を一貫して行うほか、日系メーカーの先進的な設備機器の導入等により、日本企業のプレゼンスを高めることが期待されている。
>
>
>
> 外観全景（予想図）
>
>

---

27 （出典）東急不動産株式会社、「メガクニンガン・プロジェクト」、2017.12、
https://www.tokyu-land.co.jp/news/9bd3da2000329998f314fe8cb5ac9b20.pdf

2) 共有価値創造の事例②　～持続可能性に配慮した調達コード～

　建築産業は国内外の様々な産業から資材等を調達し組み立てる産業であり、非常に幅広いサプライチェーンを有しており、その範囲は国内のみならず海外にも広く及んでいる。そこで、自らの事業活動がSDGsに対して及ぼしている正・負の影響を、取引先も含めたサプライチェーン全般を通じて把握することが重要となる。

　例えば、2020年東京オリンピック・パラリンピック競技大会組織委員会（以下、組織委員会）では、大会のレガシー（遺産）の一つとしてゴール12（つくる責任つかう責任）の達成を掲げ、組織委員会が調達する全ての物品・サービス及びライセンス商品を対象にした「持続可能性に配慮した調達コード」を適用している。同コードでは、①全般（法令遵守）、②労働（児童労働の禁止）、③環境（省エネ、3Rの推進）、④経済（公正な取引慣行、地域経済の活性化）、⑤人権（差別・ハラスメントの禁止）等に関する基準が定められている（図2.9）。また、この基準をサプライヤー等に求めるにあたって、サプライヤーのコミットメントやモニタリング、必要に応じた改善措置等により、サプライヤーに対する積極的な働きかけがおこなわれることになっている。

　このように、持続可能性に配慮した調達に取り組むに際して、SDGsは共通理念を提供するものであり、それを具体化した調達コード等により、サプライチェーンに関わる各主体の協働と共有価値の創造が可能となる。

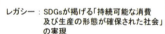

図2.9　東京五輪・パラリンピックにおける持続可能性に配慮した調達コード[28]

28　（出典）公益財団法人 東京オリンピック・パラリンピック競技大会組織委員会
　　https://tokyo2020.org/jp/games/sustainability/sourcing-code-wg/data/20161205-appendix.pdf

3) 共有価値創造の事例③ 〜マルチベネフィットとESG投資[29]〜

近年、環境対策がもたらすプラスの波及効果、すなわちマルチベネフィットに高い関心が集まり、IPCCの第5次報告などでも取り上げられるようになっている。環境に配慮した不動産（以降、環境不動産）は、①光熱費削減等の便益（EB：Energy Benefit）だけでなく、②環境貢献、生産性・学習効率の向上、健康・福祉等の多岐に渡る便益（NEB：Non-Energy-Benefits）をもたらすことが実証されている。このようなマルチベネフィットは、貨幣換算可能なものは財務的価値に組み込まれるものもあるが、多くが非財務的価値[30]として扱われている。2章の2-2-1 5）で企業価値の源泉としての無形資産について述べたが、これと軌を一にする形で非財務的価値も重視される傾向になっており、SDGsにおいても非財務的価値に関わる取組を重視する構造となっている。環境不動産に対する投資とSDGs，EB/NEB等の関係性を図2.10に示す。

近年、建築物の環境性能等を評価・認証する各種制度（CASBEE、LEED、BREEAM、ウェルネス認証等）が普及したことにより、環境不動産の有する多くの非財務的価値が見える化され、デベロッパー、投資家、設計者、ユーザー等の間で共通認識されるようになった。

---

29 SDGsとESG投資の関係については、1章の1-4-2参照

30 財務的価値とみなされている光熱費削減等のエネルギーベネフィットに比べ、非財務的価値とみなされるノン・エナジーベネフィットは貨幣価値換算されにくいものが通例多く、環境改善、健康・福祉、教育、パートナーシップ等がこれに当たる。このように、環境対策がもたらすマルチベネフィットは、いわゆる非財務的価値につながるものが多く、ESG投資の対象として適切とみなされることが多い。すなわちマルチベネフィットとESGは極めて親和性が高いといえる。

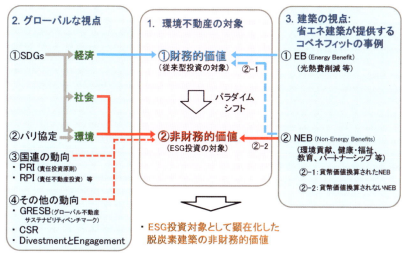

図 2.10　環境不動産と ESG 投資

　一方、金融セクターにおいても、国連環境計画による PRI（責任投資原則）や RPI（責任不動産投資）等が認知され ESG 投資の主流化が進むにつれて、不動産投資における非財務的価値情報が投資家等により重視されるようになっている。

　2009 年には、欧州の主要年金基金のグループを中心に、GRESB（グローバル不動産サステナビリティ・ベンチマーク）という、不動産セクターの ESG 指標が創設され、75 社（運用資産額 18 兆米ドル）に上る GRESB メンバーが、投資先の選定や投資先との対話に GRESB を利用している[31]。

　また国連環境計画金融イニシアティブ不動産ワーキンググループ（UNEP FI PWG）等では、SDGs の達成に向け、不動産投融資がもたらすポジティブ・インパクトを特定し、不動産 ESG 投資をさらに進めるための「ポジティブ・インパクト不動産投資」フレームワークの編纂を進めている（表 2.5）。

　このような、建築セクターにおける不動産の非財務的価値の評価・認証の普及と、金融セクターにおける ESG 投資主流化の流れが合流することにより、環境不動産が市場で高く評価され、更なる普及を後押ししている。これは建築分野における SDGs の取組の中でも、今後最も実績の期待できる分野の一つと考えられる。

---

[31]　(出典) CSR デザイン環境投資顧問株式会社「GRESB 2018 年評価結果 −日本市場からの参加状況−」、http://www.csr-design-gia.com/info/pdf/2018%20GRESB_Asia_Japan_JP.pdf

表2.5　ポジティブ・インパクト不動産投資のテーマと関連するSDGs[32]

インパクトのテーマ	投資のテーマ (投資家の狙い)	関連するSDGsのゴール
気候変動	エネルギー効率化と クリーンエネルギー	7. エネルギーをみんなにそしてクリーンに
		9. 産業と技術革新の基盤をつくろう
		12. つくる責任つかう責任
		13. 気候変動に具体的に対策を
生計と賃金	労働条件と能力開発	4. 質の高い教育をみんなに
		5. ジェンダー平等を実現しよう
		8. 働きがいも経済成長も
		10. 人や国の不平等をなくそう
シェルター	社会的/取得可能な 住宅	1. 貧困をなくそう
		10. 人や国の不平等をなくそう
		11. 住み続けられるまちづくりを
建築及び自然環境	資源の効率的利用	6. 安全な水とトイレを世界中に
		7. エネルギーをみんなにそしてクリーンに
		12. つくる責任つかう責任
		14. 海の豊かさを守ろう
		15. 陸の豊かさも守ろう
健康	健康と福祉	3. すべての人に健康と福祉を
		11. 住み続けられるまちづくりを

32　(出典) UNEP FI Property Working Group「Positive Impact Investment in Real Estate Discussion Paper」、2018.6、http://www.unepfi.org/wordpress/wp-content/uploads/2018/06/Positive-Impact-Investment-Real-Estate_Discussion-Paper.pdf

4）共有価値創造の事例④　～木造建築の振興～

　わが国は国土の約7割が森林に覆われており、特に、戦後に造林された人工林が現在収穫適齢期を迎えているにもかかわらず、上流から下流にいたるシステムが整備されていないため国産材の生産・流通量は低迷が続いてきた。人工林が手入れされずに放置されることにより、森林の持つ多面的な機能である、水源涵養と国土保全、生物多様性、炭素吸収等が発揮されずに荒廃し、更に放置されるという悪循環の構図に陥っている。

　この悪循環を断ち切るためには、国産材を活用した木造建築を振興することが最も有効な手段の一つである。木造建築の振興を通じて国産材の需要が回復し、林業が活性化することにより国土保全や生物多様性、脱炭素等の環境レイヤーにおける課題解決に貢献可能となる。また、木材の地産地消や、木材加工に付随して生じる木質資源の再利用、木造建築技術者の雇用促進、建築の内装等が木質化されることによる快適性やリラックス効果の向上等の社会レイヤーでの貢献も期待することができる。さらに、新しい建材としてのCLT（直交集成材）等を活用した中高層木造建築の開発などのイノベーション、地域産業の振興による地域経済の活性化、バイオ燃料利用による脱炭素推進など経済レイヤーでの課題解決も期待することができる（図2.11）。

　これら木造建築の振興がもたらすマルチベネフィットは、経済、社会、環境の3側面から統合的に取り組むことにより得られるものであり、いずれか1側面が欠けても成立しないというindivisible whole（不可分の全体）の性質を有している。

図2.11　木造建築の振興がもたらす共有価値とSDGs

2-3. SDGs導入がもたらすメリット

2-3-1. 建築産業の構造的変化を踏まえた、将来のビジネスチャンスの見極め

1）建築産業における将来のビジネスチャンス

　人口減少・少子高齢化への対応、老朽化した建物や都市インフラの更新、脱炭素化の推進、IoT・AI・ロボティクス等のテクノロジーの活用、発展途上国等への貢献等の、建築産業を取り巻く様々な内部・外部環境の変化により、わが国の建築産業は大きな構造的変化の時代を迎えている。

　こうした構造的変化が急速に進む時代においては、これまでの建築産業が得意としてきた事業領域は縮小圧力にさらされる可能性が高い一方、「持続可能な社会の構築」に向けて、新たな社会課題の解決に資する事業領域に手付かずのビジネスチャンスが数多く眠っていると考えるべきである。

　例えば、世界規模の課題の解決に向けて、国連は2030年まで年間2-3兆ドルの予算が必要であると分析している。また、持続可能な開発のための世界経済人会議（WBCSD）によると、年間最大12兆ドル（約1340兆円）の経済価値を持つ市場が生まれ、2030年までに3億8000万人の雇用を創出する可能性があると指摘されている（図2.12）。

図2.12　SDGsに関連するビジネスチャンスと市場規模[33]

33　（出典）持続可能な開発のための世界経済人会議（WBCSD）「持続可能な開発目標 CEO向けガイド」2017.3, p.8
　　https://docs.wbcsd.org/2017/03/CEO_Guide_to_the_SDGs/Japanese.pdf

また、「持続可能な社会」の担い手として、従来型事業の対象となりづらかった社会・環境分野において、従来とは異なるビジネスモデルを有する団体等が登場しつつある。例えば、内閣府が推進する「日本版 BID 制度[34]」におけるエリアマネジメント団体や、「社会的企業（＝ソーシャル・エンタープライズ[35]）」等は、社会的な課題をビジネスアプローチにより解決するスキームや組織として注目を集め、新産業やまちの魅力創出に繋がる可能性を秘めている。建築産業においても、こうした多様な事業領域や多様なステークホルダーの動向等も参考にしつつ、社会的課題を基点としたビジネスチャンスの発掘に努める必要がある。（参考：コラム11）

2）SDGs 活用によるグローバル市場への参入障壁の打開

　発展途上国においては、急速な経済成長によって都市人口が増加し、その都市を支えるインフラの整備が喫緊の課題となっている。このような途上国での需要拡大に対し、SDGsという世界共通の理念を当該国の政府や自治体、市民と共有することは、国際競争力の強化にもつながり、海外マーケットを開拓する上での有効なツールとなるものと考えられる。

　他方、従来の国際的な商慣習には欧米発のものが多く、その商習慣が日本企業のグローバルな事業展開の障壁となっているケースも存在する。SDGsという世界各国が合意した新たな枠組みは、この障壁を打開するとともに国際的な活動や地球規模の貢献を志す全ての人々の参加可能性を高めるものである。

　このように、SDGsはグローバル企業が有すべき要件を明確化し、日本企業の国際市場へのアクセス障壁を打破するツールとしても捉えることができる。

34　BID（Business Improvement District）制度とは、1970年代にカナダで生まれ、1980年代から米国で導入され、オーストラリア、ニュージーランド、南アフリカなどに広まり、2000年代からは英国、ドイツにおいても制度化された。現在、類似の制度も含めれば、世界で約2000地区もあると言われ、国際的に普及した制度と言える。
　　BID制度について明確な定義はないが、一般的には「地理的に区画され多くの場合インナーシティに位置する地区で、不動産所有者や事業者から徴収される負担金により、その地区の維持管理、開発、プロモーションを行うもの。BIDが提供するサービスは、通り、歩道、公園やオープンスペースの維持管理、治安の改善、マーケティング、施設改善、その他の開発である。これらのサービスは、行政が提供しているサービスに対する付加的なもの。」
　　（Frank FRIESECKE氏が2006年3月の5th RIG Regional Conferenceで発表した論文より）と解されている。
　　（出典）内閣官房まち・ひと・しごと創生本部事務局　内閣府地方創生推進事務局　日本版BIDを含むエリアマネジメントの推進方策検討会（中間とりまとめ）、2016.6、https://www.kantei.go.jp/jp/singi/sousei/about/areamanagement/h28-06-30-areamanagement-chuukan.pdf
35　社会的企業（Social Enterprise, Social Entrepreneurship）とは、社会問題の解決を目的として収益事業に取り組む事業体の事。

2-3-2. 世界共通言語としてのSDGsの活用と理念の共有による経営の質の向上

1) SDGsへの対応の遅れによって生じるリスクの回避

　SDGsが登場したことにより、違法や不当な条件によりダンピングをおこなう企業を世界のマーケットから排除する効果を期待されるとともに、SDGsという国際標準に積極的に取り組む企業であると認知されることで国際競争における比較優位を得ることが期待される。例えば、SDGs達成への取組が海外民間企業によるプロポーザル応募・入札機会を増加させる、SDGsに取り組む企業であることが日本政府等による応募・入札条件となる等、事業機会の拡大につながることも想定される。一方で、SDGsへの取組が不十分である場合は、経営姿勢に疑念を持たれ、最悪の場合、SDGs後進企業という容易に払拭できない負のレッテルを貼られてしまう恐れもある。例えば、長時間労働、建設技能者の低い処遇、建設廃棄物の不法投棄、違法伐採木材の使用などである。また、企業におけるSDGsの取組はリスクマネジメントの強化そのものに該当し、その定着は経営の質の向上にもつながるものと考えられる。

　このように、SDGsへの取組は多くのメリットを有するが、対応次第では大きなリスクを招く可能性がある点に留意することが必要であり、企業は全組織に対するSDGsの理解、浸透を急ぐ必要がある。

2) 世界共通のプラットフォームに蓄積される知的資産へのアクセス

　SDGsに対しては世界の多くの国が積極的な参加を表明しており、SDGsの取組に係る情報がグローバルなスケールで蓄積されつつある。これらの新たな取組による成果やノウハウは、新たな知的資産としてSDGsという共通のプラットフォームの下に蓄積されていくため、SDGsを介することでその知的資産へのアクセスが容易になる。プラットフォームによる知的資産の共有はSDGsの取組をグローバルなスケールで加速度的に推進するものである。これら最新の知的資産は、企業が自身の経営戦略を策定する際に貴重な情報を提供することになる。

3) ステークホルダーとの関係の強化

　建築産業は多くのステークホルダーと複雑かつ密接に関わりあうため、その過程では実務における様々な場で多様な価値観を取りまとめなければならない困難に行き当たる。例えば、前述したような各種のトレードオフ問題に対してステークホルダー間の利害関係を調整することなどが必要となる。

　SDGsを共通言語として用いることは、持続可能な社会の構築という共通のゴール

へのアプローチの多様性に気づき、相互理解を促進させる効果があることに加え、SDGsの持つ未来志向性が協働の円滑化をもたらす。そのため、多様な属性を持つステークホルダーとの協働を前提とした建築産業においては、SDGsという共通理念・共通言語が整備されることにより、協働と事業推進が加速されることが期待される。

2-3-3. 経済、社会、環境問題への統合的取組と新しい価値の創出

1) 経済・社会・環境の統合的取組によるシナジー効果

持続可能な社会を構築するためには、経済・社会・環境のそれぞれの面から社会課題の解決を図る部分最適ではなく、3側面に対する統合的な取組による全体最適の発想が求められている。この統合的な取組の推進においてSDGsを活用することが有効であり、SDGsという共通の価値を共有することでステークホルダー間の取組のシナジー効果を誘発し、単独では対処が難しい課題の解決を加速させる効果が期待される。

2) 統合的取組がもたらすマルチベネフィット

SDGsによる経済・社会・環境の3側面からの統合的取組は、財務的価値から非財務的価値まで多面的な便益（マルチベネフィット）をもたらす。統合的取組が生む新たなマルチベネフィットとその取組例としては、環境不動産における知的生産性向上や健康維持増進効果などが挙げられる。従来は環境的な価値に対して注目が集まっていたのに対し、これに加えて知的生産性の向上に着目したウェルネスオフィス[36]や、住宅の断熱性能向上による健康増進の実現にも注目が集まっている（図2.13）。

このような統合的取組によりマルチベネフィットを顕在化させていくことで、建築産業全体としての更なる価値創出と発展につながることが期待される。

---

[36] ウェルネスオフィスの構成要件は、大きくは建物の基本性能、運営管理、企業のプログラムに分類することができる。建物の基本性能には様々なものがあり、光・音・空気・温熱環境の快適性や健康性、リフレッシュスペース、運動・移動空間、コミュニケーション、情報通信、災害対応、有害物質対策などがある。運営管理には、維持管理計画、満足度調査、災害時対応などがある。企業のプログラムにはメンタルヘルス対策、社内情報共有インフラ、健康増進プログラム等がある。オフィスワーカーが知的生産性向上を健康な状態で実現する効果、認証制度による普及促進と社会的認知などが期待されている。

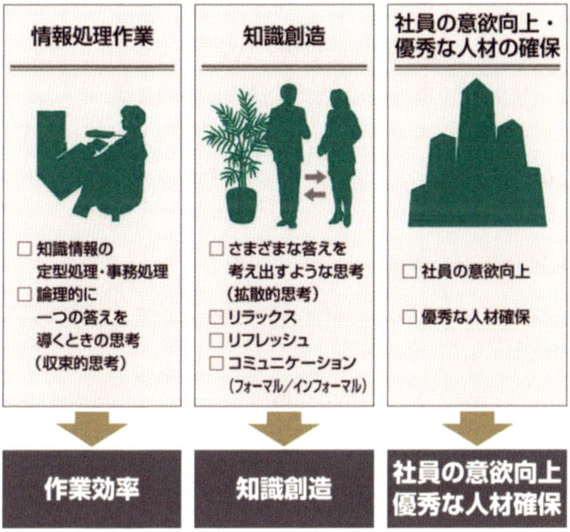

図 2.13　ウェルネスオフィスがもたらす知的生産性等の向上[37]

2-3-4. SDGsを共通言語とした官民連携推進

1) 効果的な官民連携の実現

　SDGsという複数領域にまたがる総合的な目標を達成するためには、多くのステークホルダーの連携を可能とする新たな枠組みの構築が欠かせず、関係する主体がそれぞれの立場を超えて、横断的に取り組める枠組みが求められる。

　例えば、内閣府は2018年度から推進するSDGs未来都市の事業に関連して、地方創生に向けて先進的にSDGsに取り組む自治体と民間団体等をマッチングする「地方創生SDGs官民連携プラットフォーム」を構築している。

　同プラットフォームは、地域課題解決を実践するフィールドを有する自治体と、地域課題解決に資する技術・アイディア等を有する民間企業等を対象に、SDGsを共通言語とした情報交換や連携促進をおこない、SDGs達成に向けた事業の推進を図るものである。

　このような官民連携プラットフォームが機能するにあたって重要な点は、官（自治体）と民（民間企業等）が対等な立場で水平的連携を図ることであり、政府はその後方支援をおこなう役割に徹することである。その際、自治体と企業の関係性が、発注者⇔受注者、許認可権者⇔業者という垂直的関係から始まらないよう留意する必要がある。

37　（出典）CBRE「BZ空間誌 2015年秋季号　東京大学名誉教授　村上周三氏インタビュー」、2015、
　　https://www.cbre-propertysearch.jp/article/office_value_2015-vol8

初期段階から、自治体と民間企業が、地域課題を共に解決するパートナーという水平的関係を築くことで、地域課題解決に向けた新たなアイディアの創出や、民間企業等の出資も含めた自律的好循環の形成に至ることが可能となる。

このように、多くのステークホルダーの連携を可能とする新たな枠組みを構築するためには、SDGsの理念を共有し、共通言語として活用することが重要となってくる。

2) 政府のSDGs政策との連携

政府は"SDGsアクションプラン2018"において、日本の「SDGsモデル」の方向性として下記3つの柱を示している（図2.14）。

I. SDGsと連動する「Society 5.0」の推進

II. SDGsを原動力とした地方創生、強靱かつ環境に優しい魅力的なまちづくり

III. SDGsの担い手として次世代・女性のエンパワーメント

建築産業は、これらの全ての柱と直接的かつ密接に関係し、その実現に向けた主要な担い手としての役割が期待されている。

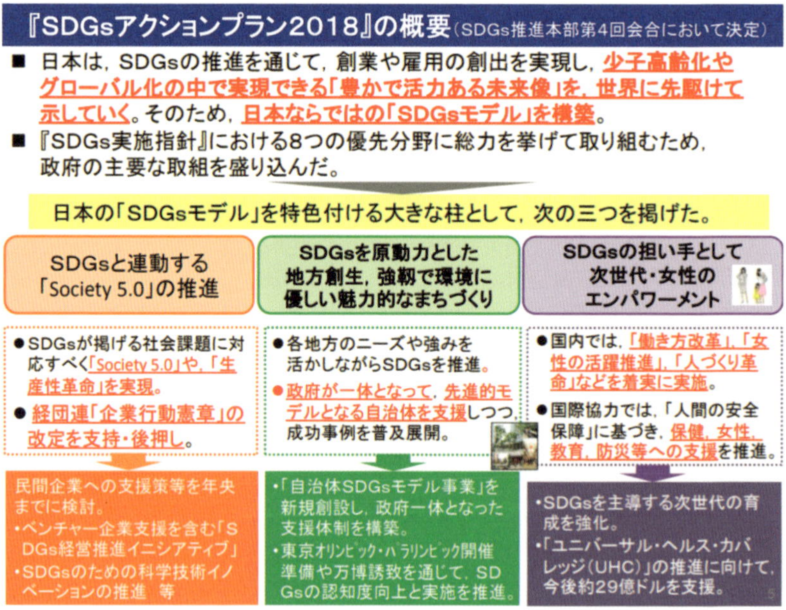

図2.14　SDGsアクションプラン2018における3つの柱[38]

38　（出典）SDGs推進本部、「SDGsアクションプラン2018」、2017.12、https://www.kantei.go.jp/jp/singi/sdgs/

3）官民連携推進における金融機関の役割

SDGs達成に向けた官民連携による事業を推進するにあたって、事業に必要な資金の供給をおこなう金融機関が重要な役割を果たす。ESG投資やSDGs投資の機運の高まりを受けて、先導的な金融機関では、ESGやSDGsに取り組む地域企業に対する積極的な投融資や支援をおこなう他、SDGs達成に向けた官民連携事業の組成に積極的に関与するなどの取組をおこなっている。また、2018年7月に環境省が公表した「ESG 金融懇談会からの提言」においても、SDGsの達成に向けて金融機関の果たす役割に強い期待を寄せている。

ESGやSDGsに積極的に取り組む金融機関が増えることにより、建築産業がSDGs関連の事業展開を加速していくことが期待される。

2-3-5. 持続可能な社会の構築に向けた取組がもたらす社会と市場の安定化

地球環境問題等のグローバルな政策課題への対応において、従来は発展途上国と先進国の関係が対立の構造になる事例が多くあった。今回、持続可能な社会の構築に向けて、世界の全ての国がSDGsに合意してこれを共有することは、国際社会の安定をもたらすものとなる。さらに、ESG投資など金融面での活動を含むSDGsの枠組みは、経済面でのグローバルなスケールでの活性化をもたらすもので、市場の安定化に貢献するものとなる。

SDGsの導入は市民生活にも安定をもたらすものと考えられる。近年、社会の複雑化・多様化・個別化が進み、市民生活の多様化をもたらしている。市民の視点からこの多様化を捉えると、個人個人が尊重され、働きやすく暮らしやすい生活を手にすることが可能となるといった正の側面に加え、人々の中に未知なものに対する新たな不安や無縁社会の進行に対する不安といった負の側面も混在している。

このような自分とは異なる立場や価値観に対する漠然とした不安に対しては、全ての人々が共通の理念を有しているという認識を共有することがその解消につながるものと考えられる。この共通の理念を共有するためのツールがSDGsであり、その取組を通じて社会や市場が安定化し、建築産業にとっても新たな分野の拡大に繋がっていくことが期待される。

3章

SDGs導入に向けた
ビジョンと経営計画の策定

3-1. ビジョンと経営計画へのSDGs導入の必要性

2章では、建築産業がSDGsに取り組むことが、経済・社会・環境の諸課題の解決に貢献すると同時に、各企業の新たなビジネスチャンスの創出やリスク削減、経営効率の向上等に繋がり、企業にとっても多くのメリットをもたらすことを説明した。

一方、SDGsは非常に広範な分野を取り扱う概念であり、SDGsを企業活動に導入する際には、特定の部門（経営部門、CSR担当部門等）だけでなく、事業部門やバックオフィス部門等も含めた全ての部門が対象となり、複数の部門に跨るがゆえに調整が難航する、といった実務的に多くの課題に直面することになる。その全体調整を図るためには経営トップレベルの明確なコミットメントと、ビジョンと経営計画にSDGsを導入することによる全ての部門へのSDGsの定着が欠かせない。

本章では、企業のビジョン・経営計画にSDGsを導入する際の基本的な考え方を紹介する。なお、ここでいう「ビジョン」とは、中長期的な将来において自社のあるべき姿を表現したものを指し、「経営計画」は、ビジョンを実現するための戦略的な道筋をとりまとめたものを指すこととする。

3-1-1. 企業におけるSDGsの取組の現状

「SDGsの導入状況」に関して、SDGsへの関心の高い企業の集まりである国連グローバルコンパクト・ネットワークジャパンが2016年と2017年に日本の会員企業向け

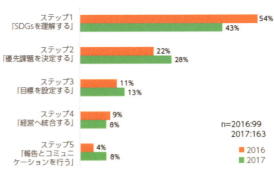

図3.1　自社へのSDGsの導入状況（ステップ1～5）[39]

---

[39]　（出典）国連グローバルコンパクト・ネットワークジャパン、IGES：「未来につなげるSDGsとビジネス」、2018.3、http://www.ungcjn.org/sdgs/pdf/elements_file_4001.pdf

に実施したアンケート調査結果を図3.1に示す。SDGsの導入状況を、便宜的にSDG Compassにおける5つのステップで評価した場合、ステップ1「SDGsを理解する」と回答した段階の企業が最も多く約半数を占めている状況にある。

さらに、図3.2に示すように、同アンケート（初回は2015年に実施）でSDGsが定着している部署を調査した結果、「CSR担当」に定着しているが8割以上である一方、「経営陣に定着している」が4割未満、「中間管理職」や「従業員」への定着は1割を下回っていることが明らかとなった。

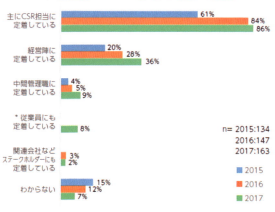

図3.2　各部署へのSDGsの定着状況[40]

また、企業の取組状況に関する別の調査としては、日本経済団体連合会が傘下156団体、1,373社を対象に実施し、2018年7月に報告されたアンケート調査がある。企業行動憲章の理念である「持続可能な社会の実現」を「経営理念」「企業行動に関する規範・指針」に反映していると回答した企業は全体の8割を占めたが、「経営戦略」や「中長期経営計画」に反映している企業は6割前後という結果だった。SDGsを活用して既に実施している取組については、SDGsの経営への組み込みの第1段階とされる「事業活動をSDGsの各目標にマッピングする」という取組でも35%しか実施していないという結果だった。

SDGsの社内への理解・浸透に向けた取組については、CSR部門や経営トップから

40　（出典）国連グローバル・コンパクト・ネットワークジャパン、IGES：「未来につなげるSDGsとビジネス」、2018.3、http://www.ungcjn.org/sdgs/pdf/elements_file_4001.pdf

の情報発信が経営者向けの勉強会や社員研修に先行していることが多くなっている。そのため「何の為にやるのか」「何をどうすれば良いのか」については、経営トップ又はCSR部門などの一部担当部門を除き、多くの部署で十分に理解が浸透していない実態が浮かび上がっている。

　これらの調査結果が示唆しているのは、1）大企業やSDGsへの関心の高い企業層においても、SDGsの導入状況は初期ステップ（SDGsを理解する）に留まる企業が多く、次のステップに進むにあたり課題に直面している企業が多いこと、2）その課題の一つとして、SDGsが定着している部署は主にCSR部署や一部の経営層で、その先の中間管理職層や一般社員等への定着が進んでいる企業は少数派であることが挙げられる。

　企業にSDGsを導入するにあたっては、現在は主にCSR部署や経営層が先導的な役割を果たしているが、これからは中間管理職や一般社員等がSDGsを理解し、組織に定着させる努力をすることが求められている。

3-1-2. ビジョン・経営計画にSDGsを導入する意義

　上記の通り、企業におけるSDGsの導入状況は現在途上にあるものの、日本の多くの企業はSDGsが提唱される以前から、CSR（企業の社会的責任）やCSV（共有価値の創造）等に積極的に取り組んでいる。SDGsというキーワードを明示こそしていないものの、これらの多くはSDGsに関連の深い活動であり、日本の企業とSDGsの親和性は高いと考えられる。

　ただし、SDGsを真にビジョンや経営計画に導入するということは、自社の優れた既存の活動を単に肯定するだけには留まらない。中長期的に深刻化する経済・社会・環境の諸課題を解決するための新たな事業の柱を模索したり、持続可能性を脅かすリスクを伴う事業活動からは時代に先駆けて撤退するリスク管理など、総合的かつ先進的に経営改革を進めていく覚悟が求められる。

　すなわち、SDGsを企業の持続可能な成長に向けた経営改革のツールとして捉え、企業の社会的使命や中長期的なビジョンをSDGsのゴール・ターゲット等を通じて見出し、バックキャスティング思考に基づき新たな経営計画として再構築していくことこそが、企業にSDGsを導入することを意味する。（参考：コラム5、6）

コラム5　ビジョンと経営計画にSDGsを導入した企業の事例①
積水ハウスグループ　〜サステナビリティビジョンを策定〜

　積水ハウスグループは、「持続可能性」を経営の基軸に据える「サステナブル宣言」（2005年）や、住まいからのCO_2排出ゼロを目指す「2050年ビジョン」（2008年）などを策定し、「住」を通じた社会課題解決の可能性を追求してきた。これらの取組や、SDGs等の世界的潮流を踏まえ、グループの目指す総合的な長期ビジョンとして「サステナビリティビジョン2050」を2018年に策定した[41]。その中で目指す姿として、脱炭素、人と自然の共生等、4つの社会への先導を掲げ、それぞれの実績と2030年の目標、関連CSV戦略を整理している。以下にその一部を紹介する。

サステナビリティビジョン2050

目指す姿
脱炭素社会へ先導

地球温暖化による気候変動は私たちの暮らしに目に見える影響を与え始めています。化石燃料への依存を続けることなく、エネルギー問題に制約されず、質の高い安全な暮らしが可能な社会を実現します。

実践してきた主な活動	・「エコ・ファーストの約束」公表（2008年） ・環境配慮型住宅「グリーンファースト」発売（2009年） ・ネット・ゼロ・エネルギー・ハウス「グリーンファースト ゼロ」発売（2013年） ・パリ協定遵行宣言（2015年） ・国際イニシアチブ「RE100」に加盟、コミットメントを公表（2017年）
2030年の目標	**SBT目標の達成** 住宅のライフサイクルにおけるCO_2排出量ゼロを目指す中、スコープ1、2およびスコープ3（カテゴリ11：居住）排出量をそれぞれ2013年度比で35％削減、45％削減することを目指します（SBT目標※）。 また、「RE100」加盟企業として事業活動で消費する電力の50％を再生可能エネルギーで賄います。
関連する主なSDGs	
2050年のチャレンジ目標	**住まいのライフサイクルにおけるCO_2ゼロ** リーディングカンパニーとして、住宅という製品について、材料購入から生産、販売、居住、解体までのライフサイクル全体において、再生可能エネルギーの利用も含めて、CO_2排出量をゼロにします。
関連する主なCSV戦略	CSV戦略②住宅のネット・ゼロ・エネルギー化 CSV戦略⑥海外への事業展開

41　（出典）積水ハウス株式会社、「サステナビリティビジョン2050」、2018、https://www.sekisuihouse.co.jp/sustainable/values/sustainability_vision_6/index.html

コラム6	ビジョンと経営計画にSDGsを導入した企業の事例② （他産業の事例）味の素の取組 〜中期経営計画におけるSDGsへの貢献の明示〜

　味の素は、事業活動を通じた社会課題の解決を掲げており、2017〜2019年度の中期経営計画ではASV（味の素版CSV）を中心に据え、SDGsへの貢献を明確に打ち出した。財務目標（利益、利益率、ROE等）以外に、非財務目標として、「健康なこころとからだ」「食資源」「地球持続性」の3つを掲げ、SDGsのゴール2「飢餓をゼロに」とゴール3「すべての人に健康と福祉を」等と対応させている[42,43]。

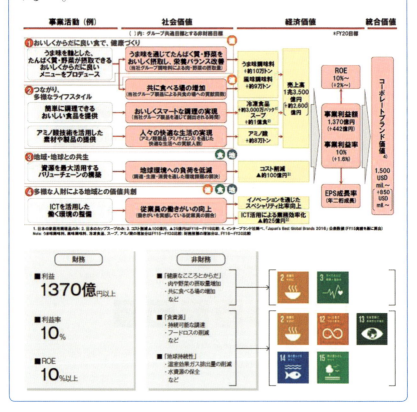

42　（出典）味の素株式会社、「中期経営計画」、2017、https://www.ajinomoto.com/jp/ir/strategy/managementplan.html
43　（出典）日経ESG、「「SDGs」の真価（2）経営との統合へ　中期経営計画に組み込む」、2018.1 https://business.nikkeibp.co.jp/atclemf/15/239627/011100038/

3-2. 優先的に取り組む課題（マテリアリティ）の明確化

3-2-1. 企業の事業活動とSDGsの関係性の整理

　2章の2-2-2で説明した通り、建築産業の事業領域は多岐に渡り、17の全てのゴールと関わり合いを持っている。しかし、建築関連の企業にとって、17のゴールが全て等しく重要であるとは限らず、各企業のビジョンと経営計画等によってゴールやターゲットごとの優先順位は自ずと異なってくる。政府の実施指針においても、8つの優先課題が示されている。

　そこで、各企業の優先的に取り組む課題（以下、マテリアリティ）を明確化する必要があり、そのための下準備として、企業の事業活動とSDGsの相互関連や、持続可能社会構築に向けた効果的な取組等を、事業のバリューチェーン（事業活動を機能・プロセスごとに分類し、各機能・プロセスでどのような付加価値が生み出されているかを分析したもの）のプロセスに対応させて把握し、特に影響や改善効果の大きい領域を特定することが重要である。（参考：コラム7）

　なお、バリューチェーンに分解する際には、自社の直接的な活動範囲のみを考慮するのではなく、自社の上流あるいは下流にいるステークホルダー（顧客や取引先等）の活動領域まで可能な限り考慮することが重要である。そうすることにより、これまで見落としていた事業機会、リスクの発見や、バリューチェーン全体を通じた最適化や改善効果の最大化を図ることができ、ステークホルダーとの協業促進等も期待することができる。

コラム7　バリューチェーンのプロセス別にリスクと機会、SDGsへの取組方針を整理した企業の事例 〜大和ハウスグループ〜

　大和ハウスグループのサステナビリティレポート2017では、事業のバリューチェーンのプロセス別にリスクと機会を洗い出し、優先的に取り組む課題やSDGsへの取組方針を整理し、2016〜2018年度の中期CSR計画に落とし込み、取組を推進している[44]。

	調達（建設資材）	自社活動（開発・設計・生産・輸送・施工）	
当社グループにとってのリスクと機会	調達先の労働、人権等の問題に対応できないことによるレピュテーションの低下や調達基盤の弱体化	人財不足により取引先の技術、安全管理の質が低下し、生産・技術基盤が弱体化する一方、適切な対応ができれば基盤が強化	人財不足により事業の規模縮小や質の低下へつながる一方、多様な従業員が働きがいを持つことで事業が拡大
中期CSR計画における重要課題	【取引先】CSRの取り組みにおける取引先への働きかけ【環境】調達における自然環境との調和	【取引先】施工会社における労働条件の改善と人材の確保	【従業員】・人財の育成・多様な従業員が柔軟に働ける職場づくり
当社グループの主な取り組み	●CSR調達ガイドラインの運用拡大とセルフチェックの開始●CSR木材調達調査による生物多様性・人権等への影響把握と改善	●生産・施工現場の労働安全衛生推進●施工会社の技能者への資金・技術面での支援	●人財育成マネジメントの推進●ダイバーシティ推進体制の構築●長時間労働の撲滅と健康経営の推進
2016年度実績	●CSR調達ガイドラインを基にしたセルフチェックの実施会社　586社●Cランク木材比率 2.5%（2018年度目標0%）	●当社労災件数前年比20.6%減少（2018年度目標20%減）●現場職人育成人数 481名（2018年度目標 住宅系・建築系施工店合計830名）	●人財育成全般に対する当社従業員の満足 67点（2018年度目標85点）●当社女性管理職登用数108名（2018年度目標160名）
当社グループが社会・環境に与える影響	●調達先の人権状況、労働環境の向上●持続可能な森林経営、生物多様性保全	●専門的な技術を持った職人の育成●施工会社の経営の安定●雇用の創出	●事業を通じて社会貢献ができる人財の育成●労働力人口の増加
SDGsへの貢献	9 12 15	9	5 8

44　（出典）大和ハウス工業株式会社、「サステナビリティレポート2017」、p.14、2017、http://www.daiwahouse.com/sustainable/csr/pdfs/2017/all.pdf

商品・サービス（居住・使用・メンテナンス・解体）			
オーナー様との長期にわたる信頼関係構築により、ブランド価値や紹介販売へ影響	コミュニティ形成や団地再生による新たな事業機会の創出	住宅や建築物の省エネ規制が強化、ZEH※1やZEB※2等の先導的な省エネ建物の優遇制度が整備され、これに対応することで事業が拡大 ※1 ネット・ゼロ・エネルギー・ハウス ※2 ネット・ゼロ・エネルギー・ビル	都市緑化へのニーズの高まりによる環境緑化事業等の拡大
【お客さま】 長期にわたる信頼獲得に向けた取り組み	【地域市民】 地元地域発展のための積極的な関わりや連携	【環境】 商品・サービスにおける地球温暖化防止への取り組み	【環境】 商品・サービスにおける自然環境との調和
●品質保証体系に基づいた品質管理と長期保証	●都市開発事業におけるコミュニティエンゲージメント ●全国の事業所における地域共生活動	●「エネルギーゼロの住宅・建築・街づくり」を推進 ●再生可能エネルギーによる発電事業を拡大	●自然環境と調和した住まいや商業施設、まちづくり ●緑を維持・保全する仕組みづくり
●10年点検アンケートの満足度96.4%（当社の住宅事業 2018年度目標100%）	●NPO・NGOの協働機会42.6%（当社2018年度目標50%以上）	●For Nature比率※1 62.4% ●ZEB※2 75件 ●ZET※3 4件（累計） ●再生可能エネルギーの設置容量 192.3MW（2018年度目標252MW） ※1 環境負荷ゼロを目指す戸建住宅環境ブランド ※2 ZEB Ready, Nearly ZEB含む ※3 ネット・ゼロ・エネルギー・タウン	●緑被面積 871千m² （2018年度目標910千m²）
●良質なストック（建物）の提供 ●空き家問題の解消	●地域コミュニティ、集合団地の再生	●日本の業務部門、家庭部門のCO₂排出量削減に貢献 ●エネルギー自給率の向上	●緑あふれる街の創出 ●街の資産価値向上 ●コミュニティ拠点の創出

073

3-2-2. 優先的に取り組む課題（マテリアリティ）の設定

　前節での作業により、バリューチェーンの流れに沿ってSDGsと関わりのある事業領域等が体系的に整理できる。この整理を踏まえ、これから戦略的に注力すべき事業領域を特定するために、マテリアリティの考え方に基づく整理を行う。

　マテリアリティの考え方の一つでは、事業領域の重要度を、①自社にとっての重要度、②ステークホルダーにとっての重要度に分類し、図3.3に示すような2次元図により整理することがしばしば行われる。縦軸のステークホルダーはより広く社会と理解しても差し支えない。ここに示す2次元図では、右上の領域が「最重要課題として優先的に取り組むべき領域」、右下の領域が「自社経営課題として優先的に取り組むべき領域」、左上の領域が「CSR等の視点で取り組むべき領域」、左下の領域が「取り組む優先度の低い領域」に分類することができる。前節で抽出した、バリューチェーン別の課題等をこの図にマッピングし、特に右上に位置づけられるものを最優先に取り組む課題として設定していく。このようにして設定される優先的に取り組む課題から、企業としてのビジョンと経営計画を具体化していくことになる（参考：コラム8、9）。自社の取組とSDGsの関係（マテリアリティ）を整理する作業の具体的な例については、4章（図4.3参照）で解説する。

　なお、ステークホルダーにとっての重要度は、事業活動を通じてもたらされる経済・社会・環境への影響の定量的・定性的分析結果や、ステークホルダーや第三者に対する意見聴取等を踏まえて相対的な重要度の視点から決定されることが望ましい。

図3.3　マテリアリティの整理図[45]

45　（出典）GRI、国連グローバルコンパクト、WBCSD、「SDG Compass」等を参考に作成

コラム8 マテリアリティを設定した企業の事例① 〜三菱地所グループ〜

三菱地所グループでは、企業として取り組むべき課題を明確にし、事業活動の中で解決を図ることを目指して、CSR重要テーマを下記の4ステップに基づき設定し（2015年度策定）、これらのテーマの重要指標（KPI）についてマネジメントを行っている[46]。

Step.1：評価対象テーマの決定

GRIガイドライン[47]の特定標準開示項目における46の側面（項目）に、三菱地所グループとしてCSR上重要と想定される項目を加え、それらの中から、今後取り組むべき重要課題として33項目を選定。

Step.2：社会の声の反映と初期評価

STEP1で選定された33項目について顧客や取引先、株主等ステークホルダー宛へのアンケート及び有識者へのヒアリング、経営層と社外有識者との意見交換等を実施。

Step.3：最終評価

STEP2の結果に基づき「当社経営にとっての重要度」と「ステークホルダーにとっての重要度」の双方の重要度が高い15項目を特定。

Step.4：CSR重要テーマとKPIの決定

STEP3で特定した15項目をさらに集約、統合し、三菱地所グループのCSR重要テーマの5項目を決定。KPIを決定し、マネジメントを実施。

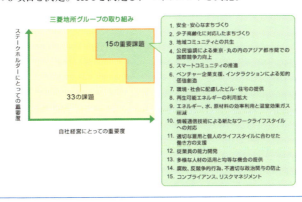

---

46 （出典）三菱地所株式会社、「CSRマネジメント」、2018年、http://www.mec.co.jp/j/csr/policy/management/index.html

47 （注釈）GRI（Global Reporting Initiative）：サステナビリティに関する国際基準の策定を使命とする非営利団体で、UNEP（国連環境計画）の公認団体として、「サステナビリティ・レポーティング・ガイドライン」を公表している。

コラム9　マテリアリティを設定した企業の事例②　〜CEMEX社〜

　世界的なセメント生産会社であるCEMEX社（本社：メキシコ）の統合報告書では、自社の経済・社会・環境・ガバナンスに関する取組課題を計23個抽出し、「自社にとっての影響度」と「ステークホルダーの認識」の2次元のマトリックス図にプロットすることにより、取り組むべき課題の優先順位を明確化している[48]。

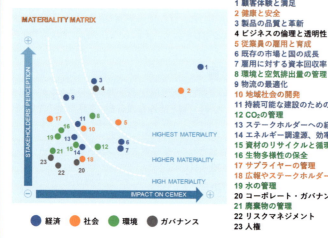

1 顧客体験と満足
2 健康と安全
3 製品の品質と革新
4 ビジネスの倫理と透明性
5 従業員の雇用と育成
6 既存の市場と国の成長
7 雇用に対する資本回収率
8 環境と空気排出量の管理
9 物流の最適化
10 地域社会の開発
11 持続可能な建設のための製品と解決方法
12 CO_2の管理
13 ステークホルダーへの経済的な影響
14 エネルギー調達源、効率、コスト
15 資材のリサイクルと循環経済
16 生物多様性の保全
17 サプライヤーの管理
18 広報やステークホルダーとの協力
19 水の管理
20 コーポレート・ガバナンス
21 廃棄物の管理
22 リスクマネジメント
23 人権

48　（出典）CEMEX、「Integrated Report2017」、p.44、2017、https://www.cemex.com/investors/reports/homeを元に作成

3-3. SDGsを導入したビジョンと経営計画の各部門への浸透

3-3-1. SDGsを導入することにより解決が期待される各部門の取組課題

　SDGsが導入されたビジョン・経営計画等を実行していくために、SDGsの多様な課題を整理してマテリアリティを明確化し、各部門に浸透させる必要がある。ビジョン・経営計画をさらに具体的な活動目標として設定するプロセスについては、次の4章で説明する。

　各部門の主体的な取組を促すためには、SDGsへの取組の必要性や各部門にもたらすメリットを明確にし、可能な限り具体的にビジョンや各部門の目標とリンクしたSDGs目標を設定することが求められる。SDGsを導入することにより解決が期待される各部門の取組課題と、ステークホルダーとの関係をモデル化して図3.4に示す。

　また、規模の大きい組織においては、SDGsを推進する役割を担う委員会（取締役会直轄の場合も含む）や専門チームを設置し、各部門のコミットメントを引き出すとともに、組織間連携を促すことも必要である。

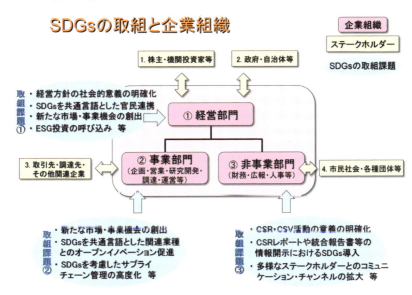

図3.4　SDGsの取組と企業組織の一例

3-3-2. 各部門におけるSDGsの具体的取組方針の策定

　前節の図3.4で示した企業の部門毎のSDGsの取組課題について、より具体的に説明していく。

　ビジョンと経営計画にSDGsを導入した後は、各部門におけるSDGsへの具体的取組方針を検討することが求められる。特に、建築産業においては、全ての部門における活動がSDGsの各ゴールと直接的／間接的に関わりを持っている（図3.5）。こうした各部門における取組をSDGsと関連づけることによって、ビジョンや経営計画との関係性が明確になるとともに、ステークホルダーとの理念や価値の共有を図ることに繋がり、ひいては経営効率の向上に貢献することが可能となる。

　表3.1に、建築産業の各部門・部署におけるSDGsの取組事例を紹介する。

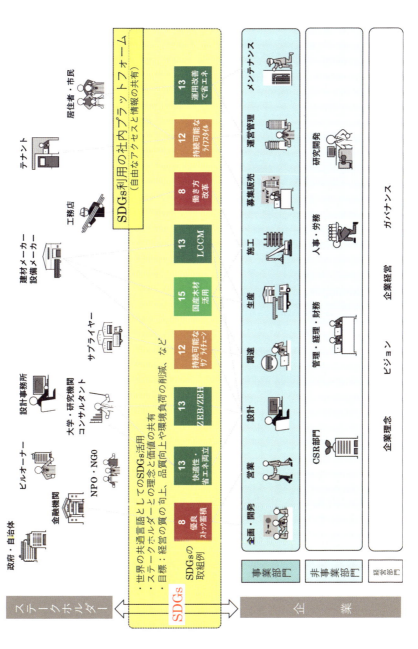

図3.5 企業における事業の流れとSDGsの取組み（事例）

表3.1 各部門・部署におけるSDGsの取組（事例）

部門・部署		取組の事例	関連するゴール
経営部門	経営層	• ビジョン・経営計画へのSDGsの導入 • KPIによる進捗管理体制の構築 • SDGs推進チーム等の設置 • 新規事業機会の創出と成長戦略立案等	全てのゴール
事業部門	企画・開発・営業	• 経済・社会・環境の統合的取組の推進 • 国や国際機関等が推進する先導的目標・取組への対応等	全てのゴール
	計画・設計	• 環境・社会的課題解決に貢献する様々な技術等の導入 • 創造性・生産性・健康性等を高める建築・空間・環境の創出　等	全てのゴール
	調達	• 上流から下流に至るまでの持続可能性に配慮した調達基準導入 • サプライヤーに対する法令遵守徹底等	12 つくる責任つかう責任
	生産・施工	• 施工現場における働き方改革の推進 • ロボット・AI活用による生産性向上等	8 働きがいも経済成長も　9 産業と技術革新の基盤をつくろう
	運営、PM・FM※、リフォーム・リノベーション	• 脱炭素、資源循環、環境共生等に資する運営マネジメント • 多様なステークホルダーとの連携・参画による地域コミュニティ創出　等	13 気候変動に具体的な対策を　17 パートナーシップで目標を達成しよう
	海外事業	• 途上国での事業展開における技術支援、共同開発等 • 質の高い都市・インフラ技術の移転　等	10 人や国の不平等をなくそう　11 住み続けられるまちづくりを
非事業部門	研究開発	• SDGs達成に資する研究開発の推進	9 産業と技術革新の基盤をつくろう
	人事・労務管理	• ダイバーシティ（女性活躍、シニア活躍、障害者雇用等）の推進 • 健康経営の推進　等	5 ジェンダー平等を実現しよう　8 働きがいも経済成長も
	総務・財務・広報・IR※等	• 非財務情報の開示 • 多様なステークホルダーとの対話　等	17 パートナーシップで目標を達成しよう

※PM：プロパティマネジメント、FM：ファシリティマネジメント、IR：投資家向け広報

3-4. 多様なステークホルダーとのパートナーシップの推進

3-4-1. 連携、協力すべきステークホルダーの整理

　建築産業は、図3.6に示すように、企画・設計・施工・運用の各段階において、政府・自治体、金融機関、建材・設備メーカー、工務店、PM・FM（プロパティマネージャー、ファシリティマネージャー）、居住者・テナント、大学・研究機関等の様々なステークホルダーと関係する。また、建築行為が社会・環境等に及ぼす影響を踏まえると、広く市民社会全般もステークホルダーとして位置づけられる。

　こうしたステークホルダーとその関係を整理し、SDGsの取組の推進に向けて連携、協力すべきステークホルダーを明確化していくことが重要となる。

　現実的な課題として、ステークホルダーとの協働・連携は、その範囲が多様化するほど利益相反や摩擦を伴い、困難が伴うことも多くなる。SDGsという共通ビジョンや共通言語を導入することは、利益相反や摩擦が想定される状況の緩和に効力を発揮する。例えば、材料調達においては上流から下流に至るまで幅広く考えることが重要であり、ステークホルダー間のパートナーシップの推進が求められる。

图3.6 建築産業における多様な職種の関わり

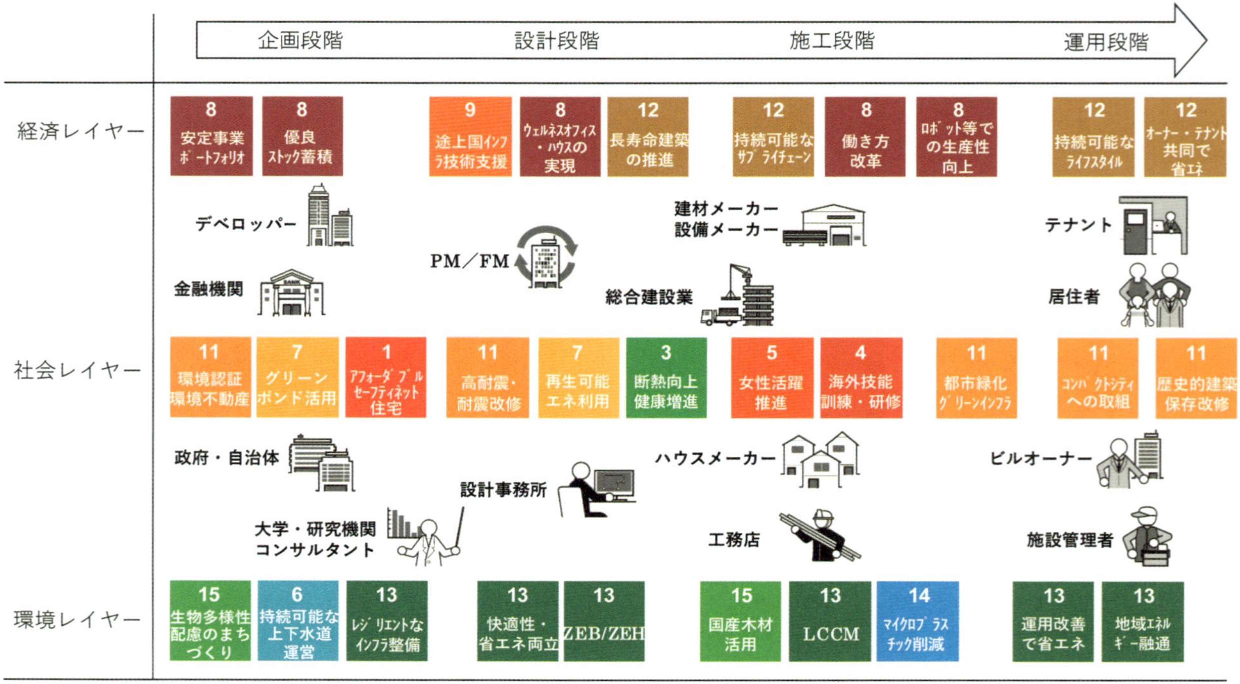

注1）各職種の活動には、企画段階・設計段階・施工段階・運用段階等の幅があり、本図ではこれを正確に表示するものではない
注2）各職種はそれぞれに、経済レイヤー、社会レイヤー、環境レイヤーの統合的取組を行っており、本図ではこれを正確に表示するものではない

3-4-2. ステークホルダーとの役割分担の明確化

　SDGsの取組の推進に向けて連携、協力すべきステークホルダーを整理した後に、具体的な連携を推進するにあたっては、SDGsに参画するステークホルダーそれぞれがSDGsを推進するにあたって果たすべき役割を明確化することが重要となる。（参考：コラム10、11）

　表3.2に、各ステークホルダーのSDGs推進上の役割例を示す。

表3.2　各ステークホルダーのSDGs推進上の役割（事例）

ステークホルダー	具体例	SDGs推進上の役割例
建築産業	デベロッパー、総合建設業、ハウスメーカー等	・建築産業におけるSDGs推進の主体
建材・設備メーカー	建材メーカー、設備メーカー等	・SDGsを考慮した商品開発・市場投入
管理・運営事業者	PM、FM※等	・運用改善・修繕等によるSDGsに資する良質な不動産ストック蓄積
金融機関	メガバンク・地銀、信金、機関投資家、年金基金等	・ESG投資を通じた良質な不動産推進 ・SDGsを考慮した投資基準等導入
ユーザー	居住者、入居テナント等	・SDGsを考慮した住宅・建築物への理解と選択による市場形成
政府・自治体	中央政府、地方自治体、その他政府関係機関	・産業の将来ビジョンの提示 ・規制、経済支援、情報支援等による産業構造改革
大学・研究機関	大学、高度教育機関、研究機関	・研究開発・イノベーション支援 ・産学官連携のハブ拠点 ・次世代リーダーの育成
市民社会、国際機関等	NGO・NPO、国連等	・行政／企業の説明責任の監視役 ・国際社会との橋渡し役

※PM：プロパティマネージャー、FM：ファシリティマネージャー

コラム10　自治体と企業による連携協定の締結事例

　地方創生、官民連携の機運が高まる中、地方自治体と広域型企業等が、地域課題解決を目指した連携協定を締結する事例が近年急増している。自治体と企業の関係性は、従来一般的であった発注者⇔受注者、許認可権者⇔業者という垂直的関係を超えて、地域課題を共に解決するパートナーという水平的関係に転化する事例も増えつつある。SDGsの導入を推進する上で、このような水平的関係はパートナーシップの活性化をもたらすものとなる。

　2章で説明した「地方創生SDGs官民連携プラットフォーム」では、地域課題を解決したい自治体と、解決のためのノウハウ・アセット等を有する企業のマッチングや官民連携を推進しており、SDGsを共通言語にした自治体と企業の連携が更に加速していくことが期待される。

連携主体	連携テーマ	
・北海道下川町 ・三井不動産、港エステート	【持続可能な地域社会創造に係る包括連携】 ・森林の適正な管理と活用	
・群馬県前橋市 ・東京大学 ・帝国データバンク、三菱総合研究所	【ビッグデータを活用した地域課題の見える化等にかかる連携協定】 ・人の流れの見える化による渋滞対策や観光施策推進 ・空き家の見える化による空き家対策推進	
・神奈川県横浜市 ・東京急行電鉄	【「次世代郊外まちづくり」の推進に関する協定】 ・次世代に引き継ぐ郊外住宅地の再生型まちづくり	
・静岡県藤枝市 ・ソフトバンク	【地方創生に向けた包括連携協定】 ・ICT・ロボットを中心にした教育の推進 ・健康推進、環境貢献、危機管理のまちづくり推進　等	
・兵庫県豊岡市 ・KDDI	【地域活性化を目的とした包括協定締結】 ・ICTを活用した観光動態分析、スマート農業・漁業支援 ・ネットショッピングサービスを通じた特産品販路拡大	
・高知県 ・伊藤園	【地方創生の推進に向けた連携と協力に関する協定】 ・産業振興、移住促進、少子化・女性活躍、環境・防災等	

注）SDGsのゴールは独自に当てはめたものであり、協定に明記されているものではない

コラム11	持続可能な地域社会の実現に向けた エリアマネジメント活動

　建物や街区の竣工後も、経済・社会・環境価値を創出し続けるためには、ソフト的なエリアマネジメント活動が必要不可欠となり、そのためには関連する多様なステークホルダーの連携が欠かせない。

　例えば、「大阪ビジネスパーク」におけるエリアマネジメント活動に取り組む「大阪ビジネスパーク協議会」（1970年発足、2015年一般社団法人化、参加団体13社）では、近年は「持続的に成長するリノベーション型スマートコミュニティ」というビジョンを掲げ、①機能複合、②活力魅力、③環境共生、④安全安心という4つの戦略テーマを設定し、持続的な経済・社会・環境価値の創出に取り組んでいる[49]。

　また、2013年に開業した大阪市北区の複合施設「グランフロント大阪」では、まちの一体的・持続的な運営を担うエリアマネジメント組織として「一般社団法人グランフロント大阪TMO」を2012年に設立した[50]。日本で初めてのエリアマネジメント条例である「大阪市エリアマネジメント活動促進条例」に基づく認定団体であり、認定を受けたことにより、道路等の公共空間を活用した地域の賑わいの創出活動を拡充するとともに、得られた事業収益等を基に公共空間の高度管理をおこなうことが可能となった。

　国においても、今後さらに全国でエリアマネジメントを推進すべきという観点から、2018年6月に「地域再生法の一部を改正する法律」が公布・施行され、「地域再生エリアマネジメント負担金制度の創設」が進められている。

　こうしたエリアマネジメント活動が推進されることにより、持続可能な地域社会の実現に向けた経済・社会・環境の統合的価値の創出が一層進むことが期待される。

大阪ビジネスパーク

グランフロント大阪（大阪北口広場）

49　（出典）大阪ビジネスパーク協議会、「人・ビジネス・街。つながる、大阪ビジネスパーク」、http://www.obp.gr.jp/index.html
50　（出典）一般社団法人グランフロント大阪TMO、「うめきた先行開発区域プロジェクト「グランフロント大阪」一般社団法人グランフロント大阪TMO、ならびに一般社団法人ナレッジキャピタル設立について」、https://kc-i.jp/Content/226

4章

目標設定と進捗管理

4-1. 企業におけるSDGs達成に向けた具体的な取組手順

　4章では、SDGsの理念を踏まえた目標設定と進捗管理の方法について説明する。前章で策定したビジョンや経営計画を目標として具体化させるとともに、その進捗管理をするための指標（インディケーター）を整備する手順を解説する。ここで、指標とはビジョンや経営計画を具体化させた活動目標の進捗状況を計測するための評価尺度のことを指す。

〈企業におけるSDGs達成に向けた具体的な取組手順〉

　3章では、持続可能な社会の確立に向けて2030年、そしてさらに長期的な将来を展望した企業のビジョンと経営計画の検討について言及した。このビジョンと経営計画は2030アジェンダとSDGsの理念を十分に反映し、社会と価値を共有し、企業の価値を高めることができるものである。

　以下、図4.1に企業におけるSDGs達成に向けた具体的な取組手順の概要を示す。

1. 企業目標の設定

　ビジョンや経営計画を具体化するため、SDGsのゴールやターゲットの内容を汲み取った実現可能性の高い独自性のある活動目標を作成する。

2. 指標の整備

　ビジョンや経営計画を具体化させた活動目標の進捗状況を計測するための指標の整備を行う。

3. 実行と進捗管理

　多様な活動目標に対して統合的に取り組むことによって個別最適ではなく、全体最適を図り、統合によるシナジー効果を生み出す。整備した指標によりその取組状況を計測・管理して、事業の円滑な推進を管理する。適宜、当初の計画の妥当性の検討や見直しを行う。

4. 社会発信

　自社の取組内容や進捗状況を様々な手段で対外発信することにより、社会貢献とステークホルダーとのコミュニケーションを活発にする。

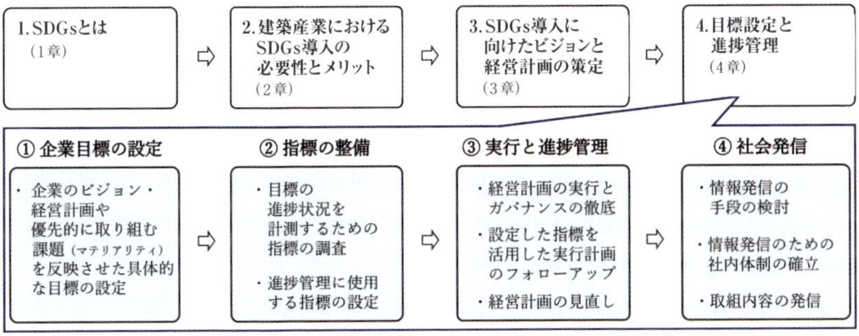

| 1.SDGsとは
（1章） | ⇨ | 2.建築産業における
SDGs導入の
必要性とメリット
（2章） | ⇨ | 3.SDGs導入に
向けたビジョンと
経営計画の策定
（3章） | ⇨ | 4.目標設定と
進捗管理
（4章） |

① 企業目標の設定	② 指標の整備	③ 実行と進捗管理	④ 社会発信
・企業のビジョン・ 経営計画や 優先的に取り組む 課題（マテリアリティ） を反映させた具体的 な目標の設定	・目標の 進捗状況を 計測するための 指標の調査 ・進捗管理に使用 する指標の設定	・経営計画の実行と ガバナンスの徹底 ・設定した指標を 活用した実行計画 のフォローアップ ・経営計画の見直し	・情報発信の 手段の検討 ・情報発信のための 社内体制の確立 ・取組内容の発信

図4.1　企業におけるSDGs達成に向けた具体的な取組手順の概要

4-2. 企業目標の設定

4-2-1. SDGsのゴール、ターゲットに対応した目標設定の在り方

　前章の3章では、企業の長期的展望を見据えながら優先的に取り組む課題（マテリアリティ）を整理して経営計画に組み込む方法を示した。これによりビジョンと経営計画、すなわち企業が目指すべき方向性が定まった。

　ビジョン・経営計画の策定後はより具体的な目標設定を行う。この際、企業の課題をSDGsのゴールやターゲットに対応させ、実現可能性の高い独自性のある具体的な目標の設定を行う。

　企業内の各部門が設定した目標を単純に統合する形で目標設定をしてしまうと総花的で主張の不明瞭な目標になってしまいがちである。企業のマテリアリティを十分に反映させた全体としての主張が明確な目標設定が求められる。

　2章の2-2-1節で示した通り、今後の企業経営のあり方を検討する際には自社の過去のトレンドや競合他社の動向等から目標を設定する「インサイド・アウト・アプローチ」だけではなく、グローバルな視点から今何が求められているかを検討し、それに基づいて目標を設定する「アウトサイド・イン・アプローチ」（図2.4）を採用することが求められる。そのため、自社の立場だけでなく、顧客・消費者や取引先、株主、従業員、その他のステークホルダーを含めた多面的な視点から目標を設定する必要がある。複数の視点を取り入れた目標を設定することで、ステークホルダーの協力や支援、協働を促し、自社の持続的な成長を実現することができる。

　「アウトサイド・イン・アプローチ」による目標設定を行う際には、5W1H（Who（誰が），What（何を），Where（どこで），When（いつ），Why（なぜ），How（どのように））に留意することが重要である。例えば、計画の実効性を担保するためには、何をいつ意識するか考える必要があるが、そのような時には図4.2に示すようなバックキャスティングの考え方が重要になる。この考え方は、2030アジェンダの基本的考え方として強く推奨されており、社会及び企業のあるべき将来像から逆算してそれぞれの時点の目標を設定することがSDGsの達成に大きく貢献するとされている。

　建築物のライフサイクルは一般的に非常に長いため、長期的展望を持って目標設定をすることが非常に重要になる。SDGsの目標年である2030年とそれ以降の長期的将来を見据えた目標を設定する必要がある。

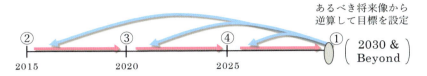

図4.2 バックキャスティングの考え方に基づく目標設定

4-2-2. SDGsのゴール、ターゲットと自社の取組内容の対応関係の整理

　起業したばかりの企業でない限り、これまで様々な事業が展開されているはずである。その事業の内容を整理し、それぞれがSDGsのどのゴール、ターゲットの達成にどのように貢献し得るかの対応関係を理解しておくことが重要となる。企業でSDGs達成に向けた具体的な取組を開始する上で最初に行うべき作業が図4.3に示す「マッピング」という作業になる。

　「これまでの取組のマッピング」の作業を実施すれば、既に実施している自社の取組の多くがSDGsの達成に関係するものであることを認識することができる。ゼロから新しいことを検討しなくても既に自社内にSDGs達成に資する多くの実績が存在することが分かれば、SDGs達成に向けた取組のハードルも下がる。また、このマッピング作業を通して自社の取組が社会に貢献していることを確認できれば社員の士気や取組意欲の向上にもつながる。

　「これからの取組をマッピング」する際は、今まで実施してきた取組に加えて、新たな取組を検討する必要がある。その際、人的・時間的・資金的リソースに限りがあることを念頭に入れつつ、自社の中で優先的に取り組むものを明らかにすることが必要である。SDGsの観点からの順位づけに際しては、3章で解説した優先的に取り組む課題（マテリアリティ）（図3.3参照）を利用することが有効である。本ガイドラインでは、新たな取組を検討する際の参考資料として「SDGsのゴール・ターゲットと建築産業がこれから取り組むべき活動（事例）」を末尾に掲載している。この参考資料は、各社の取組をなるべく生の意見に近いかたちに汲み上げ、編集したものである。

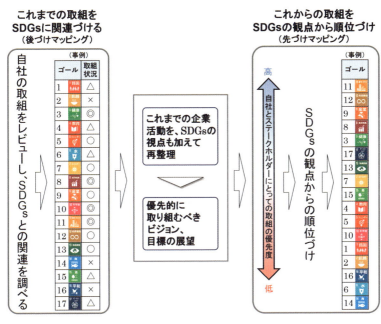

図4.3　自社の取組内容のマッピング（イメージ）

4-2-3. SDGsを導入した新たな目標の設定

　「これまでの取組のマッピング」により、自社の取組内容とSDGsの対応関係の整理を終えると、自ずと自社がこれまでに取り組んできたフォーカスポイントやこれまでは取組が必ずしも十分ではなかったウィークポイントが明らかになってくる。次に「これからの取組をマッピング」によって、自社の強みを活かして更に取組を強化する部分と自社が抱える課題を補強して経営基盤の強化を図る部分等が明らかになる。

　内部で議論しながら自社の取組内容を整理し、強みや課題点を把握し、今後の具体的な活動目標を設定することには相応の苦労を伴う。しかし、この作業が自社の存在理由や競合他社には真似できない経営の核となるコアコンピタンスの再確認にもつながり、結果として企業の持続可能な成長のための糧となる。

4-3. 目標の達成度を計測する指標の整備

4-3-1. SDGsの三層構造の枠組みを活用した経営計画の進捗管理の必要性

　企業を取り巻く国際情勢、国内動向は日々変化する。そのため、企業は変化する社会情勢に対してその経営計画を対応させる必要があり、そのために進捗管理に関するガバナンスを徹底させることが必須である。SDGsの三層構造（ゴール、ターゲット、インディケーター）の枠組みは、以下のような進捗管理のための考え方やチェックポイントを提供する。

・計画が当初予定した通りに進んでいるか

・現時点の経営環境に見合った計画になっているか

・設定した目標は達成できているか

　これらを的確に認識することが必要である。また、社会情勢の変化に対応して適宜計画の見直しを行うことが必要で、これが企業の持続可能な成長のためには必須の作業である。

　経営計画の進捗管理を行う際に、SDGsの三層構造の枠組みを活用することによって、取り組むべき多くの課題を経済・社会・環境の3側面（トリプルボトムライン）から整理、統合し、進捗管理を円滑に進めることができる。経済・社会・環境の3側面から課題を整理、統合する際は、2章で示したSDGsウェディングケーキモデルの考え方なども参考になる。企業によって置かれている立場や状況、優先すべき課題が異なる中で、SDGsという広範な目標を網羅したツールを用いることで、進捗管理に関する視野が広がり、より包摂性の高い実行計画を経営計画に反映させることができる。また、進捗管理にSDGsの理念を組み込むことは、ステークホルダーとのパートナーシップの強化や経営の透明性確保による企業ガバナンスの強化にもつながる。

4-3-2. 求められる進捗管理とガバナンスの在り方

　2018年6月に閣議決定された「未来投資戦略2018 –「Society 5.0」「データ駆動型社会」への変革–」[51] では、企業ガバナンスの強化や果断な経営判断、大胆な事業再編などを促進するために、環境変化に応じた経営判断、戦略的・計画的な投資、企業経営における実効性のあるガバナンスの在り方に関する指針の策定などが求められ

51　（出典）首相官邸日本経済再生本部: 未来投資戦略2018 –「Society 5.0」「データ駆動型社会」への変革–、2018.6、https://www.kantei.go.jp/jp/singi/keizaisaisei/pdf/miraitousi2018_zentai.pdf

ている。この要求に応え、企業の持続的な成長と中長期的な企業価値向上を実現するためには、経営計画の進捗管理のためのガバナンスの仕組みの構築が必要不可欠となる。

　企業が経営計画の目標を達成するための進捗管理を着実に実行し、持続的に企業価値を高めるためのガバナンスの仕組みを確立していることで、投資家や市場関係者は企業を信頼し、安心して投資を行うことができる。企業における進捗管理のための責任体制を明確にし、誰が、いつまでに、どのように、どこから情報を収集するかを事前に明らかにしておくことは、より信頼性の高いガバナンスの仕組みの構築につながる。

4-3-3. 進捗管理をするための指標の選択とデータの整備

　SDGsは17のゴール、169のターゲットから構成されており、これらの目標の達成度を計測するために232の指標が提案されているが、その中には企業レベルの取組になじまない、国家や国際組織単位で取り組むべき課題対応の指標が数多く掲げられている。そのため企業にとっては、指標も不適切でデータが揃わないという困難に直面することが多々発生する。

　設定した目標の達成度を計測するためには指標の整備と指標のためのデータの収集が必要になる。国連によりグローバルな枠組みで提示された指標を日本の課題に適用する際には多くの困難が発生する。これを図4.4にゴール1の事例を用いて説明する。本図におけるローカル指標とは、グローバルな枠組みで提示されたSDGsの指標（グローバル指標）を、日本の固有の事情に即した指標へ読み替えること（ローカライズ）

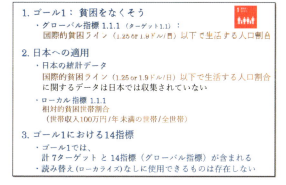

図4.4　ゴール1（貧困）における指標設定の事例

により整備した指標のことを指す。本図に示すように、貧困という最も基本的な課題に着目しても、適切な指標設定の困難さが理解できる。第一のバリヤーは適切な指標を選択できるかどうかという問題、第二のバリヤーは適切な指標を選択することができても適用可能なデータを見つけられるかどうかという問題である。

そこで、図4.5の建築産業における事例に示すようにSDGsの達成状況を計測するために整備されたグローバル指標を、企業レベルで活用できるようなビジネス指標へ読み替えることが必要となる。場合によっては新たな指標を提案する必要も発生する。例えば、建築物におけるエネルギー消費量の削減割合や建設副産物の減量化や再資源化等、多くの建築関連企業が現時点で指標として採用しているものもSDGsの指標に直接的には含まれていない（建築産業で利用するためには読み替えが必要）。自社の経営計画の進捗管理に活用できる指標を独自の視点で設定することが必要不可欠である。これはSDGs達成に向けた取組における最も重要な作業の1つである。

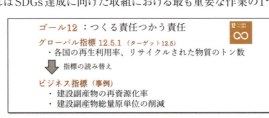

図4.5　建築産業に関連の深い指標の事例（ゴール12の場合）

指標を用いて目標の進捗状況を計測する場合、欠かせない作業は指標のためのデータを収集することである。データがなければ指標の適用ができないので、進捗管理もできない。そのデータも、
(1) 企業の財務情報のように既に収集、管理体制の整っているデータ
(2) 各部署に散逸しているものの、指示を出して集計すれば利用可能になるデータ
(3) 定期的に自社内で収集しているが知財戦略上敢えて公開はせずに秘匿すべきデータ
(4) そもそも定量的データがどこにも整備されていない

などのように様々である。(1)のようなデータが多数揃っていれば問題ないが、多くの場合、(2)のような自社内に埋もれているデータを拾い上げるための体制の整備が必要になる。今後の経営計画立案やSDGs達成度の進捗状況の計測に資するデータを一元的に収集、集約する仕組みづくりが肝要である。整備されたデータは、進捗管理のためだけでなく、ビッグデータ解析等を利用することでより精緻な経営計画の策定にも活用できる。

4-3-4. KPI (Key Performance Indicator) の設定

　経営計画の進捗管理の為に設定した指標の中から企業のビジョン達成にとって特に重要となる管理指標をKPI（Key Performance Indicator）として設定する。KPIは企業がSDGs達成にどのような具体的行動を取るかを明確に表す指標であることが求められる。したがって、その実現可能性について十分な配慮が必要である。KPIを選び出す作業は目標の具体化や絞り込みにもつながる。

　KPIはその企業にとって最も優先的に取り組むべき目標の進捗状況を見える化するための指標であり、企業の取組を対外的に発信する際にも重要な役割を果たす。そのため、企業にとっての必要性や独自性を反映させたものであることが求められる。

　また、KPIを変更することは重要な経営戦略の変更を行ったことを意味するため、それらを変更する際にはその背景などについて周知することが必要である。それを通じて、ステークホルダーとのより建設的な対話が可能になる。（参考：コラム12、13、14、15）

4-3-5. 具体的な指標の整備及び運用手順

　以下に経営計画の進捗状況を測るための指標の整備手順と運用方法をまとめる。

手順1：マテリアリティ分析等を実施して企業にとって優先順位の高い課題と、その課題に対応するSDGsのゴール、ターゲットを把握する（詳細は3章を参照）。

手順2：企業にとって優先順位の高い課題をSDGsのゴールやターゲットに対応させ、実現性の高い独自性のある具体的な目標を設定する。

手順3：企業にとって優先順位の高いゴール、ターゲットの進捗管理を行うための指標を設定する。この際、SDGsに示されるグローバル指標に適切な指標が見出せない場合やデータが整備できていないときには、SDGsの理念を尊重しつつも自社の取組内容に沿うように指標を修正したり独自に開発するケースも発生する。

手順4：整備した指標の中から企業にとって特に重要な指標をKPIとして設定する。KPIは企業のビジョンや経営計画を踏まえ、実現可能性に配慮して慎重に設定する。

手順5：設定した指標に関連するデータを継続的に収集し、取組計画を見直す進捗管理のプロセスを確立する。経営計画の策定や指標の設定をすることだけが目

的にならないように、後述の4-4において、目標の設定から実行、改善までのPDCA（Plan-Do-Check-Act）サイクルを回すことが重要である。

手順3の指標の設定に関連して、図4.6に示すようにSDG CompassのWebサイト[52]ではSDGsの17のゴール、169のターゲットに対して企業が活用可能な指標の紹介を行っている。適宜、このような関連情報を参考にしながら進捗管理のための指標を設定することも有効な手段である。

図4.6　企業におけるSDGs達成度を計測するための指標を紹介するWebサイト

表4.1にSDG CompassのWebサイト（SDG Compass Inventory of Business Indicators）に掲載されている建築産業に関連の深い指標の例を示す。

表4.1　SDG Compass Inventory of Business Indicatorsに掲載されている指標の例

ゴール	ターゲット	ビジネステーマ	指　標
11	11.1	包摂的ビジネス	手が届く価格に設定された住宅の供給戸数
11	11.2	持続可能な交通	通勤に公共交通機関を使用する人数
11	11.3	持続可能な建物	新築・管理・運用・改修事業について持続可能性に関する認証・評価・格付け制度を利用した件数
12	12.2	エネルギー効率	建築物におけるエネルギー消費効率
12	12.2	水消費効率	建築物における水の消費効率
12	12.2	資源利用効率	再生資源の使用率
12	12.4	廃棄物	廃棄物の総重量（処理工程別）

52　（出典）SDG Compass Inventory of Business Indicators、https://sdgcompass.org/business-indicators/

コラム12　他産業におけるSDGsとKPIに関する取組事例①(保険)　SOMPOホールディングス ～KPIの設定プロセス～

　SOMPOホールディングスでは、SDGsを経営や事業に組み込む際にSDGs達成に向けた具体的な目標としてCSR-KPI(重要業績評価指標)の設定を以下に示す4ステップで行っている[53]。

ステップ1：各種ガイドラインなどによる分析
ステップ2：マルチステークホルダーとのダイアログ
ステップ3：グループ内エンゲージメント
ステップ4：項目の決定、取組み推進

　また、SDGsを踏まえたCSR-KPIのもと、PDCAを通じてパフォーマンスの向上を目指すことにより、グループをあげて社会的課題に資する取組を推進し、サステナブルな社会の実現に貢献している

[53] (出典) SOMPOホールディングス株式会社、CSRコミュニケーションレポート2017、
https://www.sompo-hd.com/~/media/hd/files/csr/communications/pdf/2017/report2017.pdf

コラム13　他産業におけるSDGsとKPIに関する取組事例②（食品） 伊藤園グループ 〜KPIとSDGsの関係〜

　伊藤園グループではグローバルな視点を持ち、ESGの重要課題（マテリアリティ）を見直し、ISO26000のCSR体系をESG化している。さらに重要課題を達成するための目標（KPI）を設定し、それぞれのKPIとSDGsのゴールの関わりを示している[54]。

（下図に示すKPI項目は、全51項目中21項目を抜粋したものである。）

　これらのKPIから今年度の活動目標、今年度の活動実績、次年度の活動目標を設定し、効率的なPDCAサイクルを回している。

伊藤園の主な目標（KPI項目）	1	2	3		15	16	17
企業統治						●	
内部統制						●	
サステナビリティ・マネジメント（CSR、SDGs推進基本方針などの管理、社内浸透）							●
ステークホルダーダイアログの実施							
IR活動（投資家との対話）						●	
社会情勢の変化に対応したリスク関連委員会の開催							
BCP管理						●	
データセキュリティとプライバシーの保護							
コンプライアンスの徹底、倫理規範の遵守						●	
取引に関する法令の遵守と社内浸透						●	
原材料の調達・サプライチェーンマネジメント（伊藤園グループ品質管理方針・調達方針に基づくサプライチェーン管理）						○	
人権の尊重							
人権啓発活動推進体制の整備・推進、ハラスメントなどに関する教育の実施	○						
働き方改革制度改正への対応							
福利厚生、次世代育成支援制度の活用			●				
労働時間短縮・有給休暇取得促進に向けた取り組み強化							
安全な職場環境の整備			●				
人材獲得と退職防止、人材育成							
伊藤園ティーテイスター社内検定の有資格者の育成							
多様性と労働環境の平等性、女性の活躍推進							
障がい者雇用と支援体制の強化							

54　（出典）株式会社伊藤園、伊藤園統合レポート2017、https://www.itoen.co.jp/files/user/pdf/company/corporatebook/backnumber/2017/itoen_report_all_2017.pdf

		コラム14	他産業におけるSDGsとKPIに関する取組事例③ （生活用品）サラヤ 〜バリューチェーンを考慮したKPI〜

　サラヤではSDGs達成に向けて事業に取り組む際に各ゴールに対してKPIを設定し、マッピングを行っている[55]。さらに、設定したKPIがどのような製品やサービスに関係しているのか、サプライチェーンのどの段階に関係しているかを考慮して、事業全体を通してSDGs達成に向けた取組を行っている。（下図に示す提案項目は、一部のゴールを抜粋したものである。）

	バウンダリー （サプライチェーン）			関連する「提案目標」	該当する商品・サービス・ プロジェクト・CSRなど	掲載 ページ
	上流	サラヤ	下流			
Goal 12. 持続可能な生産消費形態を確保する						
		✔		12.1 持続的な消費と生産に関する10年枠組みプログラム（10YFP）を実施し、先進国主導の下、開発途上国の開発状況や能力を勘案し、すべての国々が対策を講じる。		
	✔	✔	✔	12.4 2020年までに、合意された国際的な枠組みに従い、製品ライフサイクルを通じて化学物質やすべての廃棄物の環境に配慮した管理を達成し、大気、水、土壌への排出を大幅に削減することにより、ヒトの健康や環境への悪影響を最小限に留める。	EMS 環境目標「持続可能な原料を配慮した商品開発」カーボン・バランス	p.18
		✔		12.5 2030年までに、予防、削減、リサイクル、および再利用（リユース）により廃棄物の排出量を大幅に削減する。	EMS	p.19, 54-55
		✔		12.6 大企業や多国籍企業をはじめとする企業に対し、持続可能な慣行を導入し、定期報告に持続可能性に関する情報を盛り込むよう奨励する。	当レポート	
		✔		12.8 2030年までに、あらゆる場所の人々が持続可能な開発および自然と調和したライフスタイルに関する情報と意識を持つようにする。	ハッピーエレファント広告、消費者庁の倫理的消費調査研究会に人材派遣などの協力	p.38
		✔		12.a 開発途上国に対し、より持続可能な生産消費形態を促進する科学的・技術的能力の強化を支援する。	Saraya Goodmaide Sdn.Bhd. ラピッドフリーザー	p.43 p.58
Goal 13. 気候変動とその影響に立ち向かうため、緊急対策を取る						
	✔	✔		13.3 気候変動の緩和、適応、影響軽減、および早期警告に関する教育、啓発、人的能力および制度機能を改善する。	EMS、環境教育、スコープ3の排出量の算出	p.54-55, 57

---

55 （出典）サラヤ株式会社、Sustainability Report2017、p.9、https://www.saraya.com/csr/report/images/
report2017.pdf

コラム15　海外企業（シンガポール）によるSDGs達成に向けた取組事例（不動産）〜CITY DEVELOPMENTS LIMITED (CDL)〜

　CDLでは、経済・社会・環境に関連する複数の目標を立て、それぞれの目標に対する自社の取組と成果、創造し得る価値（バリュー）を整理し、SDGsのゴールとの対応関係のマッピングを行っている[56]。

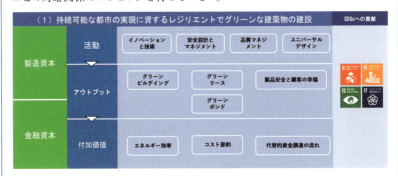

　また、CDLはSDGs達成に向けた自社の2030年までの目標を具体的に設定しており、その設定した目標達成に向けた取組を毎年フォローアップしている。①目標を達成、②単年度目標の未達成、③2年連続で単年度目標の未達成の計3段階で評価している。

　2年連続で単年度目標が未達成となった場合は必要に応じて目標値を見直し、再設定する方針を掲げている。

記録：進捗状況の管理

---

[56]（出典）CITY DEVELOPMENTS LIMITED、INTEGRATED SUSTAINABILITY REPORT2018、p.14、p.28、https://www.cdlsustainability.com/を元に作成

4-4. 経営計画の実行と進捗管理

4-4-1. 経営計画実行後のフォローアップの必要性

　企業の持続的な成長を実現するためには、ビジョンや経営計画に沿って事業を展開するだけでなく、定期的にフォローアップ（進捗管理、点検、見直し）することが重要である。初期に立てた目標に無理がなかったか、経営計画が国内外の情勢の変化に適応できているかなどのフォローアップを定期的に実施することによって、経営計画の実効性が担保される。

　計画が円滑に進行しているかを定期的に点検し、当初予定した通りに進んでいないものがあれば適宜修正を図ることが必要になる。計画の見直しは、企業内におけるSDGsの理解の深化などによる内的要因の変化や海外情勢のような外的要因の変化への対応という場合にも発生する。

　建築産業の多くの企業で実施されている品質保証体系（ISO9000シリーズ）や環境マネジメント体系（ISO14000シリーズ）などに準拠したPDCAサイクルは、SDGs達成に向けた取組においても有効な手法である。SDGs達成に向けた取組には、図4.7に示すような目標の設定から改善までのPDCAサイクルを回すことが重要である。

図4.7　PDCAサイクルの流れ

4-4-2. 指標を用いた経営計画のフォローアップ

　経営計画の進捗状況をフォローアップする際は、先に設定した指標を用いる。指標を用いて計測・評価を実施した後は、計画の策定時や前回フォローアップ時の結果と比較して考察する。この際、実施した取組の結果が実質的に経営活動に反映されているか冷静に観察することが重要である。フォローアップの実施によって、非常に成功した取組とある程度成功した取組、当初予定していた通りに進まなかった取組などが順次明らかになってくる。この結果から、再度経営計画や目標・指標の設定を行うことで、より質の高い取組を実施することが可能となる。

　また、指標を用いて進捗管理をする作業は一度きりではなく継続して発生するため、指標の設定からデータの収集、フォローアップの実施と結果の公表に至る一連のプロセスを初期の段階でルーティーン化しておくと後々の負担が軽減される。

　指標を用いて進捗管理を実施した後は、その結果を社内外に広く公表し、関係者とコミュニケーションを図ることが重要である。ステークホルダーと協働して評価や考察を行うことで自社への影響のみではなく、社会への波及効果なども把握することができる。このような取組の積み重ねによって、日々変化するビジネス環境においても社会から求められる企業へとステップアップを図ることができる。フォローアップを単なる自省的な取組と捉えるのではなく、社内外のステークホルダーとのパートナーシップを築く戦略的な手段と捉えることが必要である。

4-5. SDGs達成に向けた取組の社会発信

4-5-1. SDGs関連情報の開示と社会発信の重要性

1) SDGs関連情報の社会発信がもたらすメリット

　SDGs達成に向けた取組を積極的に外部に向けて発信することは、社会貢献、社員の意欲向上、優秀な人材の獲得などを通じて、企業価値の向上を促進するなど、企業にとっての重要な経営課題の解決に繋がる。また、取組を自社内で完結させるだけでなく、世界共通言語であるSDGsを活用して幅広いステークホルダーに向けた情報発信を行うことで、国内市場に留まらずグローバル市場に対しても新たなパートナーシップや事業機会が生まれる可能性が広がる。

2) 企業のESG・SDGs評価に関する国際的動向

　近年、各企業の持続可能な開発への取組度合いを評価して投資対象とするべきか否かを判断するESG投資あるいはSDGs投資の動きが広がっていることは、1章の1-4-2でも触れた。

　2章の2-3-2で紹介したGRESB (Global Real Estate Sustainability Benchmark) のReal Estate版 (不動産会社、ファンド向け) では、サステナビリティに関する社内体制や方針の制定、ESG情報の開示状況、グリーンビル認証の取得実績、保有不動産物件を通した環境負荷削減やテナントとの環境・社会配慮の協働といった取組が評価される。その評価結果がGRESBメンバーによって、投資先の選定や投資先との対話に用いられている。

　MSCI (Morgan Stanley Capital International) は、MSCI ESG Sustainable Impact Metrics[57] とMSCI ACWI (All Country World Index) Sustainable Impact Index[58] という企業のESG・SDGsへの取組を評価する二つの指数を開発し、企業毎に指数を算出・公表している。また、MSCIは投資家向けポートフォリオ分析ツールにESGスコアやESGインデックスデータを導入している。

　また、人工知能を用いて企業の非財務情報を調べて、評価する事例も出てきた。欧州系のESG情報収集・運用機関のArabesqueは人工知能を用いて、企業の持続可能

57　(出典) MSCI ESG Sustainable Impact Matrics: https://www.msci.com/esg-sustainable-impact-metrics
58　(出典) MSCI ACWI Sustainable Index: https://www.msci.com/msci-acwi-sustainable-impact-index

な開発に関する取組を評価して公表している。S-Ray[®59]と呼ばれるこの評価システムは図4.8に示すようにGC（Global Compact）スコア（普遍的な規範である国連グローバルコンパクトを用い、業界を問わず同じ基準で企業のサステナビリティ実践状況を評価している、縦軸）とESGスコア（企業の財務諸表に影響を与える非財務要素という観点から、長期的な視点で企業のESG状況を評価している（業界により評価対象となる項目は異なる）、横軸）の二つを算出して結果を二次元のグラフ上に示す仕組みを採用している。グラフの右上に位置する企業ほど、このGCスコアとESGスコアが高く、サステナビリティ実践状況が高いと判断される。今後、S-RayのようにAIやビッグデータを用いた企業のSDGs/ESG評価が行われるようになると、自社内で地道に優れた取組を行っていても、それを対外発信しない間に思わぬところで不利益を被る可能性がある。国際潮流に則ったレポーティングが益々重要になってくる。

図4.8　AIとビックデータを用いた企業のESGスコアリングツールS-Ray[®]

59　（出典）Arabesque S-ray: https://arabesque.com/s-ray/

3) SDGs関連情報のレポーティングの国際潮流

サステナビリティレポーティングに関する国際基準の策定を行っているGRI（Global Reporting Initiative）は持続可能な開発に向けた取組事例を報告するためのガイドライン「Sustainability Reporting Guidelines」を発行して持続可能な経営を目指す企業などの支援を行っている。SDGsの採択を受けて、GRIはPRI、UNGCと共同で、企業がSDGs達成に向けた取組をどのように効果的に情報発信すればいいかを取り纏めて3編の資料を発行している。一つめが「An Analysis of the Goals and Targets」[60]で、自社の取組内容とSDGsのゴール・ターゲットを関連づける方法論をまとめている。二つめが「Integrating the SDGs into Corporate Reporting: A Practical Guide」[61]で、企業における事業報告にどのようにSDGsの内容を統合させるかについて解説が行われている。そして三つめが「In Focus: Addressing Investor Needs in Business Reporting on the SDGs」[62]で、投資家ニーズに対応したSDGs関連情報の開示方法を解説している。

このように、企業がSDGs達成に向けた取組に関わる情報を社会発信することは極めて重要であり、今後の企業活動を持続的に成長させるためには必須のプロセスと言える。

4-5-2. 具体的な社会発信手段

建築関連企業の事業領域は多岐にわたるため、企業によって情報を発信すべき相手は異なる。企業が次の成長に繋げる社会発信を行うためには、より効果的な発信手段を用いることが求められる。

表4.2に企業の取組に関する社会発信手段の事例を示す。社会発信手段には様々な特徴があり、企業は情報の発信対象と発信目的を明確にし、発信手段を適切に使い分ける必要がある。

---

60 （出典）GRI, UNGC: An Analysis of the Goals and Targets, 2017.9, https://www.globalreporting.org/information/news-and-press-center/Pages/Business-Reporting-on-the-SDGs-An-Analysis-of-the-Goals-and-Targets.aspx

61 （出典）GRI, UNGC: Integrating the SDGs into Corporate Reporting: A Practical Guide, 2018.8, https://www.globalreporting.org/information/news-and-press-center/Pages/New-guidance-for-companies-to-report-their-impact-on-the-Sustainable-Development-Goals.aspx

62 （出典）GRI, PRI, UNGC: In Focus: Addressing Investor Needs in Business Reporting on the SDGs, 2018, https://www.unglobalcompact.org/library/5625

表4.2　企業の取組の社会発信手段 (事例)

発信手段	主な発信対象	メリット	デメリット
報告書の発行 (例：CSRレポート、 統合報告書)	• 投資家 • 取引先	• 重要性の高い情報を中心的にまとめることが可能 • 情報の信頼性が高い	• 速報性に欠ける
Webサイトの構築 (例：自社HP)	• 投資家 • 取引先 • 顧客 • 市民社会	• 柔軟に情報発信ができる	• 運用管理の負担が大きい
SNSの活用 (例：Facebook, Twitter)	• 取引先 • 顧客 • 市民社会	• 速報性が極めて高い	• 提供できる情報量に限りがある
PRイベントの実施 (例：セミナー、 企業見学会)	• 投資家 • 取引先 • 顧客 • 市民社会	• 直接意見交換が可能	• 関心の低い層への波及効果が薄い
メディアへの発信 (例：新聞、テレビ)	• 顧客 • 市民社会	• 不特定多数の相手に情報提供が可能	• コストがかかることが多い

　上記のような社会発信を効率的に行うためにも社会発信に関するガバナンス体制の構築が必要となる。社会発信に関するガバナンス体制の構築方法の一例として、社内組織内にIR及びCSR / ESG / SDGs担当者を置き、専任チームを設置することも考えられる。専任チームを経営トップ直属の部署にすることも有効な手段である。経営サイドとステークホルダー間の双方向の情報交換を図ることのできる体制整備に努め、企業内全体にSDGs達成に向けた取組を周知させることが重要である。

4-6. SDGs達成に向けた継続的な取組

本ガイドラインの1章ではSDGsの概要、2章では建築産業においてSDGsを導入する必要性とメリット、3章ではSDGs導入に向けたビジョンと経営計画の策定方法、そして4章では目標設定と進捗管理のあり方を紹介した。

本ガイドラインの末尾に、SDGs推進に際して取組状況を自己認識するためのチェックリスト（建築産業SDGsチェックリスト）を掲載した。これからSDGs達成に向けた取組を開始あるいは深化させていく際に、必要に応じて活用いただければ幸いである。

重要なことは、このガイドラインで得た知見を実際の行動（アクション）に繋げていくことである。近年、実態が伴っていないにもかかわらず、SDGs達成に向けた取組を過度にアピールする「SDGsウォッシュ」（＝Whitewash：うわべだけ取り繕うという英語からの派生語）と揶揄されるような動きも一部で出てきていると言われている。このような、SDGsウォッシュと揶揄されぬよう、実態を伴った具体的な取組が求められる。

SDGs達成に向けた取組は各方面でブームの様相を呈しているが、全ステークホルダーがSDGsの本質を理解し、このような盛り上がりを一過性のあるものと捉えるのではなく、2030アジェンダの公式文書名にも記されているように、Transforming Our World（我々の世界を変革）するためにスケールアップ及び深化させつつ継続的に取組を実施していくことが重要である。企業にとってはこのような継続的な取組が結果として、今後の企業競争力の強化や持続的な成長につながると考えられる。

参考資料

参考資料1　SDGsのターゲット・インディケーター（指標）の一覧

　以下にSDGsの169のターゲットと国連統計委員会が提案している232の指標（2018年12月時点）の一覧を示す。

表1　SDGsのゴールに対応するターゲット（169）とインディケーター（232）

ゴール1　貧困をなくそう
あらゆる場所のあらゆる形態の貧困を終わらせる

通し No.		ターゲット	
1	1.1	2030年までに、現在1日1.25ドル未満で生活する人々と定義されている極度の貧困をあらゆる場所で終わらせる。	
2	1.2	2030年までに、各国定義によるあらゆる次元の貧困状態にある、全ての年齢の男性、女性、子供の割合を半減させる。	
3	1.3	各国において最低限の基準を含む適切な社会保護制度及び対策を実施し、2030年までに貧困層及び脆弱層に対し十分な保護を達成する。	
4	1.4	2030年までに、貧困層及び脆弱層をはじめ、全ての男性及び女性が、基礎的サービスへのアクセス、土地及びその他の形態の財産に対する所有権と管理権限、相続財産、天然資源、適切な新技術、マイクロファイナンスを含む金融サービスに加え、経済的資源についても平等な権利を持つことができるように確保する。	
5	1.5	2030年までに、貧困層や脆弱な状況にある人々の強靱性（レジリエンス）を構築し、気候変動に関連する極端な気象現象やその他の経済、社会、環境的ショックや災害に暴露や脆弱性を軽減する。	
6	1.a	あらゆる次元での貧困を終わらせるための計画や政策を実施するべく、後発開発途上国をはじめとする開発途上国に対して適切かつ予測可能な手段を講じるため、開発協力の強化などを通じて、さまざまな供給源からの相当量の資源の動員を確保する。	
7	1.b	貧困撲滅のための行動への投資拡大を支援するため、国、地域及び国際レベルで、貧困層やジェンダーに配慮した開発戦略に基づいた適正な政策的枠組みを構築する。	

112　建築産業にとってのSDGs（持続可能な開発目標）―導入のためのガイドライン―

232の指標については、国連統計委員会において今もなお実用性に関する検証と議論が進められており、今後も内容に変更が生じる可能性がある。

		インディケーター
	1.1.1	国際的な貧困ラインを下回って生活している人口の割合（性別、年齢、雇用形態、地理的ロケーション（都市／地方）別）
	1.2.1	各国の貧困ラインを下回って生活している人口の割合（性別、年齢別）
	1.2.2	各国の定義に基づき、あらゆる次元で貧困ラインを下回って生活している男性、女性及び子供の割合（全年齢）
	1.3.1	社会保障制度によって保護されている人口の割合（性別、子供、失業者、高齢者、障害者、妊婦、新生児、労務災害被害者、貧困層、脆弱層別）
	1.4.1	基礎的サービスにアクセスできる世帯に住んでいる人口の割合
	1.4.2	(a) 土地に対し、法律上認められた書類により、安全な所有権を有している全成人の割合（性別、保有の種類別） (b) 土地の権利が安全であると認識している全成人の割合（性別、保有の種類別）
	1.5.1	10万人当たりの災害による死者数、行方不明者数、直接的負傷者数
	1.5.2	グローバルGDPに関する災害による直接的経済損失
	1.5.3	仙台防災枠組み2015-2030に沿った国家レベルの防災戦略を採択し実行している国の数
	1.5.4	国家防災戦略に沿った地方レベルの防災戦略を採択し実行している地方政府の割合
	1.a.1	総政府支出額に占める、必要不可欠なサービス（教育、健康、及び社会的な保護）への政府支出額の割合
	1.a.2	全体の国家財政支出に占める必要不可欠なサービスの割合（教育、健康、及び社会的な保護）
	1.a.3	貧困削減計画に直接割り当てられた助成金及び非譲渡債権の割合（GDP比）
	1.b.1	女性、貧困層及び脆弱層グループに重点的に支援を行うセクターへの政府からの周期的な資本投資

113

ゴール2　飢餓をゼロに
飢餓を終わらせ、食料安全保障及び栄養改善を実現し、持続可能な農業を促進する

通しNo.		ターゲット	
8	2.1	2030年までに、飢餓を撲滅し、全ての人々、特に貧困層及び幼児を含む脆弱な立場にある人々が一年中安全かつ栄養のある食料を十分得られるようにする。	
9	2.2	5歳未満の子供の発育阻害や消耗性疾患について国際的に合意されたターゲットを2025年までに達成するなど、2030年までにあらゆる形態の栄養不良を解消し、若年女子、妊婦・授乳婦及び高齢者の栄養ニーズへの対処を行う。	
10	2.3	2030年までに、土地、その他の生産資源や、投入財、知識、金融サービス、市場及び高付加価値化や非農業雇用の機会への確実かつ平等なアクセスの確保などを通じて、女性、先住民、家族農家、牧畜民及び漁業者をはじめとする小規模食料生産者の農業生産性及び所得を倍増させる。	
11	2.4	2030年までに、生産性を向上させ、生産量を増やし、生態系を維持し、気候変動や極端な気象現象、干ばつ、洪水及びその他の災害に対する適応能力を向上させ、漸進的に土地と土壌の質を改善させるような、持続可能な食料生産システムを確保し、強靭（レジリエント）な農業を実践する。	
12	2.5	2020年までに、国、地域及び国際レベルで適正に管理及び多様化された種子・植物バンクなども通じて、種子、栽培植物、飼育・家畜化された動物及びこれらの近縁野生種の遺伝的多様性を維持し、国際的合意に基づき、遺伝資源及びこれに関連する伝統的な知識へのアクセス及びその利用から生じる利益の公正かつ衡平な配分を促進する。	
13	2.a	開発途上国、特に後発開発途上国における農業生産能力向上のために、国際協力の強化などを通じて、農村インフラ、農業研究・普及サービス、技術開発及び植物・家畜のジーン・バンクへの投資の拡大を図る。	
14	2.b	ドーハ開発ラウンドのマンデートに従い、全ての農産物輸出補助金及び同等の効果を持つ全ての輸出措置の同時撤廃などを通じて、世界の市場における貿易制限や歪みを是正及び防止する。	
15	2.c	食料価格の極端な変動に歯止めをかけるため、食料市場及びデリバティブ市場の適正な機能を確保するための措置を講じ、食料備蓄などの市場情報への適時のアクセスを容易にする。	

		インディケーター
	2.1.1	栄養不足蔓延率（PoU）
	2.1.2	食料不安の経験尺度（FIES）に基づく、中程度又は重度な食料供給不安の蔓延度
	2.2.1	5歳未満の子供の発育阻害の蔓延度（WHO子どもの成長基準で、年齢に対する身長が中央値から標準偏差−2未満）
	2.2.2	5歳未満の子供の栄養失調の蔓延度（WHO子どもの成長基準で、身長に対する体重が中央値から標準偏差＋2超又は−2未満）（タイプ（やせ及び肥満））
	2.3.1	農業/牧畜/林業企業規模の分類ごとの労働単位あたり生産額
	2.3.2	小規模食料生産者の平均的な収入（性別、先住民・非先住民の別）
	2.4.1	生産的で持続可能な農業の下に行われる農業地域の割合
	2.5.1	中期又は長期保存施設に確保されている食物及び農業のための動植物の遺伝資源の数
	2.5.2	絶滅の危機にある、絶滅の危機にはない、又は、不明というレベルごとに分類された在来種の割合
	2.a.1	政府支出における農業指向指数
	2.a.2	農業部門への公的支援の全体的な流れ（ODA及び他の公的支援の流れ）
	2.b.1	農業輸出補助金
	2.c.1	食料価格の変動指数（IFPA）

ゴール3　すべての人に健康と福祉を
あらゆる年齢の全ての人々の健康的な生活を確保し、福祉を促進する

通しNo.		ターゲット	
16	3.1	2030年までに、世界の妊産婦の死亡率を出生10万人当たり70人未満に削減する。	
17	3.2	全ての国が新生児死亡率を少なくとも出生1,000件中12件以下まで減らし、5歳以下死亡率を少なくとも出生1,000件中25件以下まで減らすことを目指し、2030年までに、新生児及び5歳未満児の予防可能な死亡を根絶する。	
18	3.3	2030年までに、エイズ、結核、マラリア及び顧みられない熱帯病といった伝染病を根絶するとともに肝炎、水系感染症及びその他の感染症に対処する。	
19	3.4	2030年までに、非感染性疾患による若年死亡率を、予防や治療を通じて3分の1減少させ、精神保健及び福祉を促進する。	
20	3.5	薬物乱用やアルコールの有害な摂取を含む、物質乱用の防止・治療を強化する。	
21	3.6	2020年までに、世界の道路交通事故による死傷者を半減させる。	
22	3.7	2030年までに、家族計画、情報・教育及び性と生殖に関する健康の国家戦略・計画への組み入れを含む、性と生殖に関する保健サービスを全ての人々が利用できるようにする。	
23	3.8	全ての人々に対する財政リスクからの保護、質の高い基礎的な保健サービスへのアクセス及び安全で効果的かつ質が高く安価な必須医薬品とワクチンへのアクセスを含む、ユニバーサル・ヘルス・カバレッジ（UHC）を達成する。	
24	3.9	2030年までに、有害化学物質、並びに大気、水質及び土壌の汚染による死亡及び疾病の件数を大幅に減少させる。	
25	3.a	全ての国々において、たばこの規制に関する世界保健機関枠組条約の実施を適宜強化する。	

		インディケーター
	3.1.1	妊産婦死亡率
	3.1.2	専門技能者の立会いの下での出産の割合
	3.2.1	5歳未満児死亡率
	3.2.2	新生児死亡率
	3.3.1	非感染者1,000人当たりの新規HIV感染者数（性別、年齢及び主要層別）
	3.3.2	100,000人当たりの結核感染者数
	3.3.3	1,000人当たりのマラリア感染者数
	3.3.4	10万人当たりのB型肝炎感染者数
	3.3.5	「顧みられない熱帯病」（NTDs）に対して介入を必要としている人々の数
	3.4.1	心血管疾患、癌、糖尿病、又は慢性の呼吸器系疾患の死亡率
	3.4.2	自殺率
	3.5.1	薬物使用による障害のための治療介入（薬理学的、心理社会的、リハビリ及びアフターケア・サービス）の適用範囲
	3.5.2	1年間（暦年）の純アルコール量における、（15歳以上の）1人当たりのアルコール消費量に対しての各国の状況に応じ定義されたアルコールの有害な使用（ℓ）
	3.6.1	道路交通事故による死亡率
	3.7.1	近代的手法によって、家族計画についての自らの要望が満たされている出産可能年齢（15～49歳）にある女性の割合
	3.7.2	女性1000人当たりの青年期（10～14歳；15～19歳）の出生率
	3.8.1	必要不可欠の公共医療サービスの適応範囲（一般及び最も不利な立場の人々についての、生殖、妊婦、新生児及び子供の健康、伝染病、非伝染病、サービス能力とアクセスを含むトレーサー介入を基とする必要不可欠なサービスの平均的適応範囲と定義されたもの）
	3.8.2	家計収支に占める健康関連支出が大きい人口の割合
	3.9.1	家庭内及び外部の大気汚染による死亡率
	3.9.2	安全ではない水、安全ではない公衆衛生及び衛生知識不足（安全ではないWASH（基本的な水と衛生）にさらされていること）による死亡率
	3.9.3	意図的ではない汚染による死亡率
	3.a.1	15歳以上の現在の喫煙率（年齢調整されたもの）

通し No.		ターゲット	
26	3.b	主に開発途上国に影響を及ぼす感染性及び非感染性疾患のワクチン及び医薬品の研究開発を支援する。また、知的所有権の貿易関連の側面に関する協定（TRIPS協定）及び公衆の健康に関するドーハ宣言に従い、安価な必須医薬品及びワクチンへのアクセスを提供する。同宣言は公衆衛生保護及び、特に全ての人々への医薬品のアクセス提供にかかわる「知的所有権の貿易関連の側面に関する協定（TRIPS協定）」の柔軟性に関する規定を最大限に行使する開発途上国の権利を確約したものである。	
27	3.c	開発途上国、特に後発開発途上国及び小島嶼開発途上国において保健財政及び保健人材の採用、能力開発・訓練及び定着を大幅に拡大させる。	
28	3.d	全ての国々、特に開発途上国の国家・世界規模な健康危険因子の早期警告、危険因子緩和及び危険因子管理のための能力を強化する。	

118　建築産業にとってのSDGs（持続可能な開発目標）－導入のためのガイドライン

		インディケーター
	3.b.1	各国のプログラムに含まれる全てのワクチンによってカバーされている対象人口の割合
	3.b.2	薬学研究や基礎的保健部門への純ODAの合計値
	3.b.3	必須である薬が、入手可能かつ持続可能な基準で余裕がある健康施設の割合
	3.c.1	医療従事者の密度と分布
	3.d.1	国際保健規則（IHR）キャパシティと衛生緊急対策

ゴール4　質の高い教育をみんなに
全ての人に包摂的かつ公正な質の高い教育を確保し、生涯学習の機会を促進する

通しNo.		ターゲット	
29	4.1	2030年までに、全ての子供が男女の区別なく、適切かつ効果的な学習成果をもたらす、無償かつ公正で質の高い初等教育及び中等教育を修了できるようにする。	
30	4.2	2030年までに、全ての子供が男女の区別なく、質の高い乳幼児の発達・ケア及び就学前教育にアクセスすることにより、初等教育を受ける準備が整うようにする。	
31	4.3	2030年までに、全ての人々が男女の区別なく、手の届く質の高い技術教育・職業教育及び大学を含む高等教育への平等なアクセスを得られるようにする。	
32	4.4	2030年までに、技術的・職業的スキルなど、雇用、働きがいのある人間らしい仕事及び起業に必要な技能を備えた若者と成人の割合を大幅に増加させる。	
33	4.5	2030年までに、教育におけるジェンダー格差を無くし、障害者、先住民及び脆弱な立場にある子供など、脆弱層があらゆるレベルの教育や職業訓練に平等にアクセスできるようにする。	
34	4.6	2030年までに、全ての若者及び大多数（男女ともに）の成人が、読み書き能力及び基本的計算能力を身に付けられるようにする。	
35	4.7	2030年までに、持続可能な開発のための教育及び持続可能なライフスタイル、人権、男女の平等、平和及び非暴力的文化の推進、グローバル・シチズンシップ、文化多様性と文化の持続可能な開発への貢献の理解の教育を通して、全ての学習者が、持続可能な開発を促進するために必要な知識及び技能を習得できるようにする。	
36	4.a	子供、障害及びジェンダーに配慮した教育施設を構築・改良し、全ての人々に安全で非暴力的、包摂的、効果的な学習環境を提供できるようにする。	
37	4.b	2020年までに、開発途上国、特に後発開発途上国及び小島嶼開発途上国、並びにアフリカ諸国を対象とした、職業訓練、情報通信技術（ICT）、技術・工学・科学プログラムなど、先進国及びその他の開発途上国における高等教育の奨学金の件数を全世界で大幅に増加させる。	
38	4.c	2030年までに、開発途上国、特に後発開発途上国及び小島嶼開発途上国における教員研修のための国際協力などを通じて、質の高い教員の数を大幅に増加させる。	

		インディケーター
	4.1.1	(i) 読解力、(ii) 算数について、最低限の習熟度に達している次の子供や若者の割合 (性別ごと) (a) 2～3学年時、(b) 小学校修了時、(c) 中学校修了時
	4.2.1	健康、学習及び心理社会的な幸福について、順調に発育している5歳未満の子供の割合 (性別ごと)
	4.2.2	(小学校に入学する年齢より1年前の時点で) 体系的な学習に参加している者の割合 (性別ごと)
	4.3.1	過去12か月にフォーマル及びノンフォーマルな教育や訓練に参加している若者又は成人の割合 (性別ごと)
	4.4.1	ICTスキルを有する若者や成人の割合 (スキルのタイプ別)
	4.5.1	詳細集計可能な、本リストに記載された全ての教育指数のための、パリティ指数(女性/男性、地方/都市、富の五分位数の底/トップ、またその他に、障害状況、先住民、紛争の影響を受けた者等の利用可能なデータ)
	4.6.1	実用的な (a) 読み書き能力、(b) 基本的計算能力において、少なくとも決まったレベルを達成した所定の年齢層の人口の割合 (性別ごと)
	4.7.1	ジェンダー平等及び人権を含む、(i) 地球市民教育、及び (ii) 持続可能な開発のための教育が、(a) 各国の教育政策、(b) カリキュラム、(c) 教師の教育、及び (d) 児童・生徒・学生の達成度評価に関して、全ての教育段階において主流化されているレベル
	4.a.1	以下の設備等が利用可能な学校の割合 (a) 電気、(b) 教育を目的としたインターネット、(c) 教育を目的としたコンピュータ、(d) 障害を持っている学生のための適切な施設や道具、(e) 基本的な飲料水、(f) 男女別の基本的なトイレ、(g) 基本的な手洗い場 (WASH指標の定義別)
	4.b.1	奨学金のためのODAフローの量 (部門と研究タイプ別)
	4.c.1	各国における適切なレベルでの教育を行うために、最低限制度化された養成研修あるいは現職研修(例：教授法研修)を受けた (a) 就学前教育、(b) 初等教育、(c) 前期中等教育、(d) 後期中等教育に従事する教員の割合

ゴール5　ジェンダー平等を実現しよう
ジェンダー平等を達成し、全ての女性及び女児の能力強化を行う

通しNo.		ターゲット	
39	5.1	あらゆる場所における全ての女性及び女児に対するあらゆる形態の差別を撤廃する。	
40	5.2	人身売買や性的、その他の種類の搾取など、全ての女性及び女児に対する、公共・私的空間におけるあらゆる形態の暴力を排除する。	
41	5.3	未成年者の結婚、早期結婚、強制結婚及び女性器切除など、あらゆる有害な慣行を撤廃する。	
42	5.4	公共のサービス、インフラ及び社会保障政策の提供、並びに各国の状況に応じた世帯・家族内における責任分担を通じて、無報酬の育児・介護や家事労働を認識・評価する。	
43	5.5	政治、経済、公共分野でのあらゆるレベルの意思決定において、完全かつ効果的な女性の参画及び平等なリーダーシップの機会を確保する。	
44	5.6	国際人口・開発会議（ICPD）の行動計画及び北京行動綱領、並びにこれらの検証会議の成果文書に従い、性と生殖に関する健康及び権利への普遍的アクセスを確保する。	
45	5.a	女性に対し、経済的資源に対する同等の権利、並びに各国法に従い、オーナーシップ及び土地その他の財産、金融サービス、相続財産、天然資源に対するアクセスを与えるための改革に着手する。	
46	5.b	女性の能力強化促進のため、ICTをはじめとする実現技術の活用を強化する。	
47	5.c	ジェンダー平等の促進、並びに全ての女性及び女子のあらゆるレベルでの能力強化のための適正な政策及び拘束力のある法規を導入・強化する。	

		インディケーター
	5.1.1	性別に基づく平等と差別撤廃を促進、実施及びモニターするための法律の枠組みが制定されているかどうか
	5.2.1	これまでにパートナーを得た15歳以上の女性や少女のうち、過去12か月以内に、現在、または以前の親密なパートナーから身体的、性的、精神的暴力を受けた者の割合（暴力の形態、年齢別）
	5.2.2	過去12カ月以内に、親密なパートナー以外の人から性的暴力を受けた15歳以上の女性や少女の割合（年齢、発生場所別）
	5.3.1	15歳未満、18歳未満で結婚又はパートナーを得た20〜24歳の女性の割合
	5.3.2	女性性器切除を受けた15-49歳の少女や女性の割合（年齢別）
	5.4.1	無償の家事・ケア労働に費やす時間の割合（性別、年齢、場所別）
	5.5.1	国会及び地方議会において女性が占める議席の割合
	5.5.2	管理職に占める女性の割合
	5.6.1	性的関係、避妊、リプロダクティブ・ヘルスケアについて、自分で意思決定を行うことのできる15歳〜49歳の女性の割合
	5.6.2	15歳以上の女性及び男性に対し、セクシュアル/リプロダクティブ・ヘルスケア、情報、教育を保障する法律や規定を有する国の数
	5.a.1	(a) 農地への所有権又は保障された権利を有する総農業人口の割合（性別ごと） (b) 農地所有者又は権利者における女性の割合（所有条件別）
	5.a.2	土地所有及び/又は管理に関する女性の平等な権利を保障している法的枠組（慣習法を含む）を有する国の割合
	5.b.1	携帯電話を所有する個人の割合（性別ごと）
	5.c.1	ジェンダー平等及び女性のエンパワーメントのための公的資金を監視、配分するシステムを有する国の割合

ゴール6　安全な水とトイレを世界中に
全ての人々の水と衛生の利用可能性と持続可能な管理を確保する

通しNo.		ターゲット	
48	6.1	2030年までに、全ての人々の、安全で安価な飲料水の普遍的かつ衡平なアクセスを達成する。	
49	6.2	2030年までに、全ての人々の、適切かつ平等な下水施設・衛生施設へのアクセスを達成し、野外での排泄をなくす。女性及び女児、並びに脆弱な立場にある人々のニーズに特に注意を払う。	
50	6.3	2030年までに、汚染の減少、投棄の廃絶と有害な化学物・物質の放出の最小化、未処理の排水の割合半減及び再生利用と安全な再利用の世界的規模で大幅に増加させることにより、水質を改善する。	
51	6.4	2030年までに、全セクターにおいて水利用の効率を大幅に改善し、淡水の持続可能な採取及び供給を確保し水不足に対処するとともに、水不足に悩む人々の数を大幅に減少させる。	
52	6.5	2030年までに、国境を越えた適切な協力を含む、あらゆるレベルでの統合水資源管理を実施する。	
53	6.6	2020年までに、山地、森林、湿地、河川、帯水層、湖沼を含む水に関連する生態系の保護・回復を行う。	
54	6.a	2030年までに、集水、海水淡水化、水の効率的利用、排水処理、リサイクル・再利用技術を含む開発途上国における水と衛生分野での活動と計画を対象とした国際協力と能力構築支援を拡大する。	
55	6.b	水と衛生に関わる分野の管理向上における地域コミュニティの参加を支援・強化する。	

		インディケーター
	6.1.1	安全に管理された飲料水サービスを利用する人口の割合
	6.2.1	(a) 安全に管理された公衆衛生サービスを利用する人口の割合、(b) 石けんや水のある手洗い場を利用する人口の割合
	6.3.1	安全に処理された排水の割合
	6.3.2	良好な水質を持つ水域の割合
	6.4.1	水の利用効率の経時変化
	6.4.2	水ストレスレベル：淡水資源量に占める淡水採取量の割合
	6.5.1	統合水資源管理 (IWRM) 実施の度合い (0-100)
	6.5.2	水資源協力のための運営協定がある越境流域の割合
	6.6.1	水関連生態系範囲の経時変化
	6.a.1	政府調整支出計画の一部である上下水道関連のODAの総量
	6.b.1	上下水道管理への地方コミュニティの参加のために制定し、運営されている政策及び手続のある地方公共団体の割合

125

ゴール7　エネルギーをみんなにそしてクリーンに
全ての人々の、安価かつ信頼できる持続可能な近代的エネルギーへのアクセスを確保する

通し No.		ターゲット	
56	7.1	2030年までに、安価かつ信頼できる現代的エネルギーサービスへの普遍的アクセスを確保する。	
57	7.2	2030年までに、世界のエネルギーミックスにおける再生可能エネルギーの割合を大幅に拡大させる。	
58	7.3	2030年までに、世界全体のエネルギー効率の改善率を倍増させる。	
59	7.a	2030年までに、再生可能エネルギー、エネルギー効率及び先進的かつ環境負荷の低い化石燃料技術などのクリーンエネルギーの研究及び技術へのアクセスを促進するための国際協力を強化し、エネルギー関連インフラとクリーンエネルギー技術への投資を促進する。	
60	7.b	2030年までに、各々の支援プログラムに沿って開発途上国、特に後発開発途上国及び小島嶼開発途上国、内陸開発途上国の全ての人々に現代的で持続可能なエネルギーサービスを供給できるよう、インフラ拡大と技術向上を行う。	

		インディケーター
	7.1.1	電気を受電可能な人口比率
	7.1.2	家屋の空気を汚さない燃料や技術に依存している人口比率
	7.2.1	最終エネルギー消費量に占める再生可能エネルギー比率
	7.3.1	一次エネルギー及びGDP単位当たりのエネルギー強度
	7.a.1	クリーンなエネルギー研究及び開発と、ハイブリッドシステムに含まれる再生可能エネルギー生成への支援に関する発展途上国に対する国際金融フロー
	7.b.1	持続可能なサービスへのインフラや技術のための財源移行におけるGDPに占めるエネルギー効率への投資（%）及び海外直接投資の総量

127

ゴール8　働きがいも経済成長も

包摂的かつ持続可能な経済成長及び全ての人々の完全かつ生産的な雇用と働きがいのある人間らしい雇用（ディーセント・ワーク）を促進する

通しNo.		ターゲット	
61	8.1	各国の状況に応じて、1人当たり経済成長率を持続させる。特に後発開発途上国は少なくとも年率7%の成長率を保つ。	
62	8.2	高付加価値セクターや労働集約型セクターに重点を置くことなどにより、多様化、技術向上及びイノベーションを通じた高いレベルの経済生産性を達成する。	
63	8.3	生産活動や適切な雇用創出、起業、創造性及びイノベーションを支援する開発重視型の政策を促進するとともに、金融サービスへのアクセス改善などを通じて中小零細企業の設立や成長を奨励する。	
64	8.4	2030年までに、世界の消費と生産における資源効率を漸進的に改善させ、先進国主導の下、持続可能な消費と生産に関する10年計画枠組みに従い、経済成長と環境悪化の分断を図る。	
65	8.5	2030年までに、若者や障害者を含む全ての男性及び女性の、完全かつ生産的な雇用及び働きがいのある人間らしい仕事、並びに同一労働同一賃金を達成する。	
66	8.6	2020年までに、就労、就学及び職業訓練のいずれも行っていない若者の割合を大幅に減らす。	
67	8.7	強制労働を根絶し、現代の奴隷制、人身売買を終らせるための緊急かつ効果的な措置の実施、最悪な形態の児童労働の禁止及び撲滅を確保する。2025年までに児童兵士の募集と使用を含むあらゆる形態の児童労働を撲滅する。	
68	8.8	移住労働者、特に女性の移住労働者や不安定な雇用状態にある労働者など、全ての労働者の権利を保護し、安全・安心な労働環境を促進する。	
69	8.9	2030年までに、雇用創出、地方の文化振興・産品販促につながる持続可能な観光業を促進するための政策を立案し実施する。	
70	8.10	国内の金融機関の能力を強化し、全ての人々の銀行取引、保険及び金融サービスへのアクセスを促進・拡大する。	
71	8.a	後発開発途上国への貿易関連技術支援のための拡大統合フレームワーク（EIF）などを通じた支援を含む、開発途上国、特に後発開発途上国に対する貿易のための援助を拡大する。	
72	8.b	2020年までに、若年雇用のための世界的戦略及び国際労働機関（ILO）の仕事に関する世界協定の実施を展開・運用化する。	

		インディケーター
	8.1.1	1人当たりの実質GDPの年間成長率
	8.2.1	労働者1人当たりの実質GDPの年間成長率
	8.3.1	農業以外におけるインフォーマル雇用の割合（性別ごと）
	8.4.1	マテリアルフットプリント（MF）、1人当たりMF及びGDP当たりのMF
	8.4.2	国内総物質消費量（DMC）、1人当たりのDMC及びGDP当たりのDMC
	8.5.1	女性及び男性労働者の平均時給（職業、年齢、障害者別）
	8.5.2	失業率（性別、年齢、障害者別）
	8.6.1	就労、就学及び職業訓練のいずれも行っていない15～24歳の若者の割合
	8.7.1	児童労働者（5～17歳）の割合と数（性別、年齢別）
	8.8.1	致命的及び非致命的な労働災害の発生率（性別、移住状況別）
	8.8.2	国際労働機関（ILO）原文ソース及び国内の法律に基づく、労働権利（結社及び団体交渉の自由）における国内コンプライアンスのレベル（性別、移住状況別）
	8.9.1	全GDP及びGDP成長率に占める割合としての観光業の直接GDP
	8.9.2	全観光業における従業員数に占める持続可能な観光業の従業員数の割合
	8.10.1	成人10万人当たりの市中銀行の支店及びATM数
	8.10.2	銀行や他の金融機関に口座を持つ、またはモバイルマネーサービスを利用する（15歳以上の）成人の割合
	8.a.1	貿易のための援助に対するコミットメントや支出
	8.b.1	国家雇用戦略とは別途あるいはその一部として開発され運用されている若年雇用のための国家戦略の有無

ゴール9　産業と技術革新の基盤をつくろう

強靭（レジリエント）なインフラ構築、
包摂的かつ持続可能な産業化の促進及びイノベーションの推進を図る

通しNo.		ターゲット
73	9.1	全ての人々に安価で公平なアクセスに重点を置いた経済発展と人間の福祉を支援するために、地域・越境インフラを含む質の高い、信頼でき、持続可能かつ強靭（レジリエント）なインフラを開発する。
74	9.2	包摂的かつ持続可能な産業化を促進し、2030年までに各国の状況に応じて雇用及びGDPに占める産業セクターの割合を大幅に増加させる。後発開発途上国については同割合を倍増させる。
75	9.3	特に開発途上国における小規模の製造業その他の企業の、安価な資金貸付などの金融サービスやバリューチェーン及び市場への統合へのアクセスを拡大する。
76	9.4	2030年までに、資源利用効率の向上とクリーン技術及び環境に配慮した技術・産業プロセスの導入拡大を通じたインフラ改良や産業改善により、持続可能性を向上させる。全ての国々は各国の能力に応じた取組を行う。
77	9.5	2030年までにイノベーションを促進させることや100万人当たりの研究開発従事者数を大幅に増加させ、また官民研究開発の支出を拡大させるなど、開発途上国をはじめとする全ての国々の産業セクターにおける科学研究を促進し、技術能力を向上させる。
78	9.a	アフリカ諸国、後発開発途上国、内陸開発途上国及び小島嶼開発途上国への金融・テクノロジー・技術の支援強化を通じて、開発途上国における持続可能かつ強靭（レジリエント）なインフラ開発を促進する。
79	9.b	産業の多様化や商品への付加価値創造などに資する政策環境の確保などを通じて、開発途上国の国内における技術開発、研究及びイノベーションを支援する。
80	9.c	後発開発途上国において情報通信技術へのアクセスを大幅に向上させ、2020年までに普遍的かつ安価なインターネットアクセスを提供できるよう図る。

		インディケーター
	9.1.1	全季節利用可能な道路の2km圏内に住んでいる地方の人口の割合
	9.1.2	旅客と貨物量（交通手段別）
	9.2.1	GDPに占める製造業付加価値の割合及び1人当たり製造業付加価値
	9.2.2	全労働者数に占める製造業労働者数の割合
	9.3.1	製造業の合計付加価値のうち小規模製造業の占める割合
	9.3.2	ローン又は与信枠が設定された小規模製造業の割合
	9.4.1	付加価値の単位当たりのCO_2排出量
	9.5.1	GDPに占める研究開発への支出
	9.5.2	100万人当たりの研究者（フルタイム相当）
	9.a.1	インフラへの公的国際支援の総額（ODAその他公的フロー）
	9.b.1	全付加価値における中位並びに先端テクノロジー産業の付加価値の割合
	9.c.1	モバイルネットワークにアクセス可能な人口の割合（技術別）

ゴール10　人や国の不平等をなくそう
各国内及び各国間の不平等を是正する

通し No.		ターゲット	
81	10.1	2030年までに、各国の所得下位40％の所得成長率について、国内平均を上回る数値を漸進的に達成し、持続させる。	
82	10.2	2030年までに、年齢、性別、障害、人種、民族、出自、宗教、あるいは経済的地位その他の状況に関わりなく、全ての人々の能力強化及び社会的、経済的及び政治的な包含を促進する。	
83	10.3	差別的な法律、政策及び慣行の撤廃、並びに適切な関連法規、政策、行動の促進などを通じて、機会均等を確保し、成果の不平等を是正する。	
84	10.4	税制、賃金、社会保障政策をはじめとする政策を導入し、平等の拡大を漸進的に達成する。	
85	10.5	世界金融市場と金融機関に対する規制とモニタリングを改善し、こうした規制の実施を強化する。	
86	10.6	地球規模の国際経済・金融制度の意思決定における開発途上国の参加や発言力を拡大させることにより、より効果的で信用力があり、説明責任のある正当な制度を実現する。	
87	10.7	計画に基づき良く管理された移民政策の実施などを通じて、秩序のとれた、安全で規則的かつ責任ある移住や流動性を促進する。	
88	10.a	世界貿易機関（WTO）協定に従い、開発途上国、特に後発開発途上国に対する特別かつ異なる待遇の原則を実施する。	
89	10.b	各国の国家計画やプログラムに従って、後発開発途上国、アフリカ諸国、小島嶼開発途上国及び内陸開発途上国を始めとする、ニーズが最も大きい国々への、政府開発援助（ODA）及び海外直接投資を含む資金の流入を促進する。	
90	10.c	2030年までに、移住労働者による送金コストを3％未満に引き下げ、コストが5％を超える送金経路を撤廃する。	

	インディケーター
10.1.1	1人当たりの家計支出又は所得の成長率（人口の下位40%のもの、総人口のもの）
10.2.1	中位所得の半分未満で生活する人口の割合（年齢、性別、障害者別）
10.3.1	過去12か月に個人的に国際人権法の下に禁止されている差別又は嫌がらせを感じたと報告した人口の割合
10.4.1	賃金及び社会保障給付から成るGDP労働配分率
10.5.1	金融健全性指標
10.6.1	国際機関における開発途上国のメンバー数及び投票権の割合
10.7.1	従業者が移住先国で稼いだ年間所得に占める、その従業者が移住先の国で仕事を探すに当たって（自ら）負担した費用の割合
10.7.2	十分に管理された移住政策を実施している国の数
10.a.1	後発開発途上国や開発途上国からの輸入品に適用されるゼロ関税の関税分類品目（タリフライン）の割合
10.b.1	開発のためのリソースフローの総額（受援国及び援助国、フローの流れ（例：ODA、外国直接投資、その他）別）
10.c.1	総送金額の割合に占める送金コスト

133

ゴール11　住み続けられるまちづくりを
包摂的で安全かつ強靱（レジリエント）で持続可能な都市及び人間居住を実現する

通し No.		ターゲット	
91	11.1	2030年までに、全ての人々の、適切、安全かつ安価な住宅及び基本的サービスへのアクセスを確保し、スラムを改善する。	
92	11.2	2030年までに、脆弱な立場にある人々、女性、子供、障害者及び高齢者のニーズに特に配慮し、公共交通機関の拡大などを通じた交通の安全性改善により、全ての人々に、安全かつ安価で容易に利用できる、持続可能な輸送システムへのアクセスを提供する。	
93	11.3	2030年までに、包摂的かつ持続可能な都市化を促進し、全ての国々の参加型、包摂的かつ持続可能な人間居住計画・管理の能力を強化する。	
94	11.4	世界の文化遺産及び自然遺産の保護・保全の努力を強化する。	
95	11.5	2030年までに、貧困層及び脆弱な立場にある人々の保護に焦点をあてながら、水関連災害などの災害による死者や被災者数を大幅に削減し、世界の国内総生産比で直接的経済損失を大幅に減らす。	
96	11.6	2030年までに、大気の質及び一般並びにその他の廃棄物の管理に特別な注意を払うことによるものを含め、都市の1人当たりの環境上の悪影響を軽減する。	
97	11.7	2030年までに、女性、子供、高齢者及び障害者を含め、人々に安全で包摂的かつ利用が容易な緑地や公共スペースへの普遍的アクセスを提供する。	
98	11.a	各国・地域規模の開発計画の強化を通じて、経済、社会、環境面における都市部、都市周辺部及び農村部間の良好なつながりを支援する。	
99	11.b	2020年までに、包含、資源効率、気候変動の緩和と適応、災害に対する強靱さ（レジリエンス）を目指す総合的政策及び計画を導入・実施した都市及び人間居住地の件数を大幅に増加させ、仙台防災枠組2015-2030に沿って、あらゆるレベルでの総合的な災害リスク管理の策定と実施を行う。	
100	11.c	財政的及び技術的な支援などを通じて、後発開発途上国における現地の資材を用いた、持続可能かつ強靱（レジリエント）な建造物の整備を支援する。	

	インディケーター
11.1.1	スラム、インフォーマルな居住地及び不適切な住宅に居住する都市人口の割合
11.2.1	公共交通機関へ容易にアクセスできる人口の割合（性別、年齢、障害者別）
11.3.1	人口増加率と土地利用率の比率
11.3.2	定期的かつ民主的に運営されている都市計画及び管理に、市民社会が直接参加する仕組みがある都市の割合
11.4.1	全ての文化及び自然遺産の保全、保護及び保存における総支出額（公的部門、民間部門）（遺産のタイプ別（文化、自然、混合、世界遺産に登録されているもの）、政府レベル別（国、地域、地方、市）、支出タイプ別（営業費、投資）、民間資金のタイプ別（寄付、非営利部門、後援））
11.5.1	10万人当たりの災害による死者数、行方不明者数、直接的負傷者数
11.5.2	災害によって起こった、グローバルなGDPに関連した直接的な経済損失、甚大なインフラ被害及び基本サービスの中断の件数
11.6.1	都市で生み出された固形廃棄物の総量のうち、定期的に収集され適切に最終処理されたものの割合（都市別）
11.6.2	都市部における微粒子物質（例：PM2.5やPM10）の年平均レベル（人口で加重平均したもの）
11.7.1	各都市部の建物密集区域における公共スペースの割合の平均（性別、年齢、障害者別）
11.7.2	過去12か月における身体的又は性的ハラスメントの犠牲者の割合（性別、年齢、障害状況、発生場所別）
11 a.1	人口予測とリソース需要について取りまとめながら都市及び地域開発計画を実行している都市に住んでいる人口の割合（都市の規模別）
11.b.1	仙台防災枠組み2015-2030に沿った国家レベルの防災戦略を採択し実行している国の数
11.b.2	国家防災戦略に沿った地方レベルの防災戦略を採択し実行している地方政府の割合
11.c.1	現地の資材を用いた、持続可能で強靱（レジリエント）で資源が効率的である建造物の建設及び改築に割り当てられた後発開発途上国への財政援助の割合

概要

1 章

2 章

3 章

4 章

参考資料

参考文献

ゴール12　つくる責任つかう責任
持続可能な生産消費形態を確保する

通しNo.		ターゲット	
101	12.1	開発途上国の開発状況や能力を勘案しつつ、持続可能な消費と生産に関する10年計画枠組み（10YFP）を実施し、先進国主導の下、全ての国々が対策を講じる。	
102	12.2	2030年までに天然資源の持続可能な管理及び効率的な利用を達成する。	
103	12.3	2030年までに小売・消費レベルにおける世界全体の1人当たりの食料の廃棄を半減させ、収穫後損失などの生産・サプライチェーンにおける食品ロスを減少させる。	
104	12.4	2020年までに、合意された国際的な枠組みに従い、製品ライフサイクルを通じ、環境上適正な化学物質や全ての廃棄物の管理を実現し、人の健康や環境への悪影響を最小化するため、化学物質や廃棄物の大気、水、土壌への放出を大幅に削減する。	
105	12.5	2030年までに、廃棄物の発生防止、削減、再生利用及び再利用により、廃棄物の発生を大幅に削減する。	
106	12.6	特に大企業や多国籍企業などの企業に対し、持続可能な取り組みを導入し、持続可能性に関する情報を定期報告に盛り込むよう奨励する。	
107	12.7	国内の政策や優先事項に従って持続可能な公共調達の慣行を促進する。	
108	12.8	2030年までに、人々があらゆる場所において、持続可能な開発及び自然と調和したライフスタイルに関する情報と意識を持つようにする。	
109	12.a	開発途上国に対し、より持続可能な消費・生産形態の促進のための科学的・技術的能力の強化を支援する。	
110	12.b	雇用創出、地方の文化振興・産品販促につながる持続可能な観光業に対して持続可能な開発がもたらす影響を測定する手法を開発・導入する。	
111	12.c	開発途上国の特別なニーズや状況を十分考慮し、貧困層やコミュニティを保護する形で開発に関する悪影響を最小限に留めつつ、税制改正や、有害な補助金が存在する場合はその環境への影響を考慮してその段階的廃止などを通じ、各国の状況に応じて、市場のひずみを除去することで、浪費的な消費を奨励する、化石燃料に対する非効率な補助金を合理化する。	

	インディケーター
12.1.1	持続可能な消費と生産（SCP）に関する国家行動計画を持っている、又は国家政策に優先事項もしくはターゲットとしてSCPが組み込まれている国の数
12.2.1	マテリアルフットプリント（MF）、1人当たりMF及びGDP当たりのMF
12.2.2	国内総物質消費量（DMC）及び1人当たり、GDP当たりのDMC
12.3.1	グローバル食品ロス指数（GFLI）
12.4.1	有害廃棄物や他の化学物質に関する国際多国間環境協定で求められる情報の提供（報告）の義務を果たしている締約国の数
12.4.2	有害廃棄物の1人当たり発生量、処理された有害廃棄物の割合（処理手法ごと）
12.5.1	各国の再生利用率、リサイクルされた物質のトン数
12.6.1	持続可能性に関する報告書を発行する企業の数
12.7.1	持続可能な公的調達政策及び行動計画を実施している国の数
12.8.1	気候変動教育を含む、(i) 地球市民教育、及び (ii) 持続可能な開発のための教育が、(a) 各国の教育政策、(b) カリキュラム、(c) 教師の教育、及び (d) 児童・生徒・学生の達成度評価に関して、全ての教育段階において主流化されているレベル
12.a.1	持続可能な消費、生産形態及び環境に配慮した技術のための研究開発に係る開発途上国への支援総計
12.b.1	承認された評価監視ツールのある持続可能な観光戦略や政策、実施された行動計画の数
12.b.2	GDP（生産及び消費）の単位当たり及び化石燃料の国家支出総額に占める化石燃料補助金

ゴール１３　気候変動に具体的な対策を
気候変動及びその影響を軽減するための緊急対策を講じる

通しNo.		ターゲット	
112	13.1	全ての国々において、気候関連災害や自然災害に対する強靱性（レジリエンス）及び適応の能力を強化する。	
113	13.2	気候変動対策を国別の政策、戦略及び計画に盛り込む。	
114	13.3	気候変動の緩和、適応、影響軽減及び早期警戒に関する教育、啓発、人的能力及び制度機能を改善する。	
115	13.a	重要な緩和行動の実施とその実施における透明性確保に関する開発途上国のニーズに対応するため、2020年までにあらゆる供給源から年間1,000億ドルを共同で動員するという、UNFCCCの先進締約国によるコミットメントを実施するとともに、可能な限り速やかに資本を投入して緑の気候基金を本格始動させる。	
116	13.b	後発開発途上国及び小島嶼開発途上国において、女性や青年、地方及び社会的に疎外されたコミュニティに焦点を当てることを含め、気候変動関連の効果的な計画策定と管理のための能力を向上するメカニズムを推進する。	

		インディケーター
	13.1.1	10万人当たりの災害による死者数、行方不明者数、直接的負傷者数
	13.1.2	仙台防災枠組み2015-2030に沿った国家レベルの防災戦略を採択し実行している国の数
	13.1.3	国家防災戦略に沿った地方レベルの防災戦略を採択し実行している地方政府の割合
	13.2.1	気候変動の悪影響に適応し、食料生産を脅かさない方法で、気候強靱性や温室効果ガスの低排出型の発展を促進するための能力を増加させる統合的な政策／戦略／計画（国の適応計画、国が決定する貢献、国別報告書、隔年更新報告書その他を含む）の確立又は運用を報告している国の数
	13.3.1	緩和、適応、影響軽減及び早期警戒を、初等、中等及び高等教育のカリキュラムに組み込んでいる国の数
	13.3.2	適応、緩和及び技術移転を実施するための制度上、システム上、及び個々人における能力構築の強化や開発行動を報告している国の数
	13.a.1	2020-2025年の間に1000億USドルコミットメントを実現するために必要となる1年当たりに投資される総USドル
	13.b.1	女性や青年、地方及び社会的に疎外されたコミュニティに焦点を当てることを含め、気候変動関連の効果的な計画策定と管理のための能力を向上させるメカニズムのために、専門的なサポートを受けている後発開発途上国や小島嶼開発途上国の数及び財政、技術、能力構築を含む支援総額

ゴール14　海の豊かさを守ろう
持続可能な開発のために海洋・海洋資源を保全し、持続可能な形で利用する

通しNo.		ターゲット	
117	14.1	2025年までに、海洋ごみや富栄養化を含む、特に陸上活動による汚染など、あらゆる種類の海洋汚染を防止し、大幅に削減する。	
118	14.2	2020年までに、海洋及び沿岸の生態系に関する重大な悪影響を回避するため、強靱性（レジリエンス）の強化などによる持続的な管理と保護を行い、健全で生産的な海洋を実現するため、海洋及び沿岸の生態系の回復のための取組を行う。	
119	14.3	あらゆるレベルでの科学的協力の促進などを通じて、海洋酸性化の影響を最小限化し、対処する。	
120	14.4	水産資源を、実現可能な最短期間で少なくとも各資源の生物学的特性によって定められる最大持続生産量のレベルまで回復させるため、2020年までに、漁獲を効果的に規制し、過剰漁業や違法・無報告・無規制（IUU）漁業及び破壊的な漁業慣行を終了し、科学的な管理計画を実施する。	
121	14.5	2020年までに、国内法及び国際法に則り、最大限入手可能な科学情報に基づいて、少なくとも沿岸域及び海域の10パーセントを保全する。	
122	14.6	開発途上国及び後発開発途上国に対する適切かつ効果的な、特別かつ異なる待遇が、世界貿易機関（WTO）漁業補助金交渉の不可分の要素であるべきことを認識した上で、2020年までに、過剰漁獲能力や過剰漁獲につながる漁業補助金を禁止し、違法・無報告・無規制（IUU）漁業につながる補助金を撤廃し、同様の新たな補助金の導入を抑制する。	
123	14.7	2030年までに、漁業、水産養殖及び観光の持続可能な管理などを通じ、小島嶼開発途上国及び後発開発途上国の海洋資源の持続的な利用による経済的便益を増大させる。	
124	14.a	海洋の健全性の改善と、開発途上国、特に小島嶼開発途上国及び後発開発途上国の開発における海洋生物多様性の寄与向上のために、海洋技術の移転に関するユネスコ政府間海洋学委員会の基準・ガイドラインを勘案しつつ、科学的知識の増進、研究能力の向上、及び海洋技術の移転を行う。	
125	14.b	小規模・沿岸零細漁業者に対し、海洋資源及び市場へのアクセスを提供する。	
126	14.c	「我々の求める未来」のパラ158において想起されるとおり、海洋及び海洋資源の保全及び持続可能な利用のための法的枠組みを規定する海洋法に関する国際連合条約（UNCLOS）に反映されている国際法を実施することにより、海洋及び海洋資源の保全及び持続可能な利用を強化する。	

	インディケーター
14.1.1	沿岸富栄養化指数 (ICEP) 及び浮遊プラスチックごみの密度
14.2.1	生態系を基盤として活用するアプローチにより管理された各国の排他的経済水域の割合
14.3.1	承認された代表標本抽出地点で測定された海洋酸性度 (pH) の平均値
14.4.1	生物学的に持続可能なレベルの水産資源の割合
14.5.1	海域に関する保護領域の範囲
14.6.1	IUU漁業 (Illegal (違法)・Unreported (無報告)・Unregulated (無規制)) と対峙することを目的としている国際的な手段を実施する中における各国の進捗状況
14.7.1	小島嶼開発途上国、後発開発途上国及び全ての国々のGDPに占める持続可能な漁業の割合
14.a.1	総研究予算額に占める、海洋技術分野に割り当てられた研究予算の割合
14.b.1	小規模・零細漁業のためのアクセス権を認識し保護する法的/規制/政策/機関の枠組みの適応についての各国の進捗
14.c.1	海洋及び海洋資源の保全と持続可能な利用のために「海洋法に関する国際連合条約 (UNCLOS)」に反映されているとおり、国際法を実施する海洋関係の手段を、法、政策、機関的枠組みを通して、批准、導入、実施を推進している国の数

ゴール15　陸の豊かさも守ろう

15 陸の豊かさも守ろう

陸域生態系の保護、回復、持続可能な利用の推進、持続可能な森林の経営、
砂漠化への対処、並びに土地の劣化の阻止・回復及び生物多様性の損失を阻止する

通し No.		ターゲット	
127	15.1	2020年までに、国際協定の下での義務に則って、森林、湿地、山地及び乾燥地をはじめとする陸域生態系と内陸淡水生態系及びそれらのサービスの保全、回復及び持続可能な利用を確保する。	
128	15.2	2020年までに、あらゆる種類の森林の持続可能な経営の実施を促進し、森林減少を阻止し、劣化した森林を回復し、世界全体で新規植林及び再植林を大幅に増加させる。	
129	15.3	2030年までに、砂漠化に対処し、砂漠化、干ばつ及び洪水の影響を受けた土地などの劣化した土地と土壌を回復し、土地劣化に荷担しない世界の達成に尽力する。	
130	15.4	2030年までに持続可能な開発に不可欠な便益をもたらす山地生態系の能力を強化するため、生物多様性を含む山地生態系の保全を確実に行う。	
131	15.5	自然生息地の劣化を抑制し、生物多様性の損失を阻止し、2020年までに絶滅危惧種を保護し、また絶滅防止するための緊急かつ意味のある対策を講じる。	
132	15.6	国際合意に基づき、遺伝資源の利用から生ずる利益の公正かつ衡平な配分を推進するとともに、遺伝資源への適切なアクセスを推進する。	
133	15.7	保護の対象となっている動植物種の密猟及び違法取引を撲滅するための緊急対策を講じるとともに、違法な野生生物製品の需要と供給の両面に対処する。	
134	15.8	2020年までに、外来種の侵入を防止するとともに、これらの種による陸域・海洋生態系への影響を大幅に減少させるための対策を導入し、さらに優先種の駆除または根絶を行う。	
135	15.9	2020年までに、生態系と生物多様性の価値を、国や地方の計画策定、開発プロセス及び貧困削減のための戦略及び会計に組み込む。	
136	15.a	生物多様性と生態系の保全と持続的な利用のために、あらゆる資金源からの資金の動員及び大幅な増額を行う。	
137	15.b	保全や再植林を含む持続可能な森林経営を推進するため、あらゆるレベルのあらゆる供給源から、持続可能な森林経営のための資金の調達と開発途上国への十分なインセンティブ付与のための相当量の資源を動員する。	
138	15.c	持続的な生計機会を追求するために地域コミュニティの能力向上を図る等、保護種の密猟及び違法な取引に対処するための努力に対する世界的な支援を強化する。	

	インディケーター
15.1.1	土地全体に対する森林の割合
15.1.2	陸生及び淡水性の生物多様性に重要な場所のうち保護区で網羅されている割合（生態系のタイプ別）
15.2.1	持続可能な森林管理における進捗
15.3.1	土地全体のうち劣化した土地の割合
15.4.1	山地生物多様性のための重要な場所に占める保全された地域の範囲
15.4.2	山地グリーンカバー指数
15.5.1	レッドリスト指数
15.6.1	利益の公正かつ衡平な配分を確保するための立法上、行政上及び政策上の枠組みを持つ国の数
15.7.1	密猟された野生生物又は違法に取引された野生生物の取引の割合
15.8.1	外来種に関する国内法を採択しており、侵略的外来種の防除や制御に必要な資金等を確保している国の割合
15.9.1	生物多様性戦略計画2011-2020の愛知目標の目標2に従って設定された国内目標に対する進捗
15.a.1	生物多様性及び生態系の保全と持続的な利用に係るODA並びに公的支出
15.b.1	生物多様性及び生態系の保全と持続的な利用に係るODA並びに公的支出
15.c.1	密猟された野生生物又は違法に取引された野生生物の取引の割合

143

ゴール16　平和と公正をすべての人に

持続可能な開発のための平和で包摂的な社会を促進し、全ての人々に司法へのアクセスを提供し、あらゆるレベルにおいて効果的で説明責任のある包摂的な制度を構築する

通しNo.		ターゲット	
139	16.1	あらゆる場所において、全ての形態の暴力及び暴力に関連する死亡率を大幅に減少させる。	
140	16.2	子供に対する虐待、搾取、取引及びあらゆる形態の暴力及び拷問を撲滅する。	
141	16.3	国家及び国際的なレベルでの法の支配を促進し、全ての人々に司法への平等なアクセスを提供する。	
142	16.4	2030年までに、違法な資金及び武器の取引を大幅に減少させ、奪われた財産の回復及び返還を強化し、あらゆる形態の組織犯罪を根絶する。	
143	16.5	あらゆる形態の汚職や贈賄を大幅に減少させる。	
144	16.6	あらゆるレベルにおいて、有効で説明責任のある透明性の高い公共機関を発展させる。	
145	16.7	あらゆるレベルにおいて、対応的、包摂的、参加型及び代表的な意思決定を確保する。	
146	16.8	グローバル・ガバナンス機関への開発途上国の参加を拡大・強化する。	
147	16.9	2030年までに、全ての人々に出生登録を含む法的な身分証明を提供する。	
148	16.10	国内法規及び国際協定に従い、情報への公共アクセスを確保し、基本的自由を保障する。	
149	16.a	特に開発途上国において、暴力の防止とテロリズム・犯罪の撲滅に関するあらゆるレベルでの能力構築のため、国際協力などを通じて関連国家機関を強化する。	
150	16.b	持続可能な開発のための非差別的な法規及び政策を推進し、実施する。	

		インディケーター
	16.1.1	10万人当たりの意図的な殺人行為による犠牲者の数（性別、年齢別）
	16.1.2	10万人当たりの紛争関連の死者の数（性別、年齢、原因別）
	16.1.3	過去12か月において (a) 身体的暴力、(b) 精神的暴力、(c) 性的暴力を受けた人口の割合
	16.1.4	自身の居住区地域を一人で歩いても安全と感じる人口の割合
	16.2.1	過去1か月における保護者等からの身体的な暴力及び／又は心理的な攻撃を受けた1歳～17歳の子供の割合
	16.2.2	10万人当たりの人身取引の犠牲者の数（性別、年齢、搾取形態別）
	16.2.3	18歳までに性的暴力を受けた18～29歳の若年女性及び男性の割合
	16.3.1	過去12か月間に暴力を受け、所管官庁又はその他の公的に承認された紛争解決機構に対して、被害を届け出た者の割合
	16.3.2	刑務所の総収容者数に占める判決を受けていない勾留者の割合
	16.4.1	内外の違法な資金フローの合計額（USドル）
	16.4.2	国際的な要件に従い、所管当局によって、発見／押収された武器で、その違法な起源又は流れが追跡／立証されているものの割合
	16.5.1	過去12か月間に公務員に賄賂を支払った又は公務員より賄賂を要求されたことが少なくとも1回はあった人の割合
	16.5.2	過去12か月間に公務員に賄賂を支払った又は公務員より賄賂を要求されたことが少なくとも1回はあった企業の割合
	16.6.1	当初承認された予算に占める第一次政府支出(部門別、(予算別又は類似の分類別))
	16.6.2	最近公的サービスを使用し満足した人の割合
	16.7.1	国全体における分布と比較した、公的機関（国及び地方議会、公共サービス並びに司法）における役職の割合（性別、年齢別、障害者別、人口グループ別）
	16.7.2	意思決定が包括的かつ反映されるものであると考えている人の割合（性別、年齢、障害者、人口グループ別）
	16.8.1	国際機関における開発途上国のメンバー数及び投票権の割合
	16.9.1	行政機関に出生登録された5歳以下の子供の数（年齢別）
	16.10.1	過去12か月間における、ジャーナリスト、メディア関係者、労働組合及び人権活動家の殺害、誘拐、強制失踪、恣意的勾留及び拷問について立証された事例の数
	16.10.2	情報へのパブリックアクセスを保障した憲法、法令、政策の実施を採択している国の数
	16.a.1	パリ原則に準拠した独立した国立人権機関の存在の有無
	16.b.1	過去12か月に個人的に国際人権法の下に禁止されている差別又は嫌がらせを感じたと報告した人口の割合

ゴール17　パートナーシップで目標を達成しよう

持続可能な開発のための実施手段を強化し、
グローバル・パートナーシップを活性化する

通しNo.		ターゲット	
151	17.1	課税及び徴税能力の向上のため、開発途上国への国際的な支援なども通じて、国内資源の動員を強化する。	
152	17.2	先進国は、開発途上国に対するODAをGNI比0.7％に、後発開発途上国に対するODAをGNI比0.15～0.20％にするという目標を達成するとの多くの国によるコミットメントを含むODAに係るコミットメントを完全に実施する。ODA供与国が、少なくともGNI比0.20％のODAを後発開発途上国に供与するという目標の設定を検討することを奨励する。	
153	17.3	複数の財源から、開発途上国のための追加的資金源を動員する。	
154	17.4	必要に応じた負債による資金調達、債務救済及び債務再編の促進を目的とした協調的な政策により、開発途上国の長期的な債務の持続可能性の実現を支援し、重債務貧困国（HIPC）の対外債務への対応により債務リスクを軽減する。	
155	17.5	後発開発途上国のための投資促進枠組みを導入及び実施する。	
156	17.6	科学技術イノベーション（STI）及びこれらへのアクセスに関する南北協力、南南協力及び地域的・国際的な三角協力を向上させる。また、国連レベルをはじめとする既存のメカニズム間の調整改善や、全世界的な技術促進メカニズムなどを通じて、相互に合意した条件において知識共有を進める。	
157	17.7	開発途上国に対し、譲許的・特恵的条件などの相互に合意した有利な条件の下で、環境に配慮した技術の開発、移転、普及及び拡散を促進する。	
158	17.8	2017年までに、後発開発途上国のための技術バンク及び科学技術イノベーション能力構築メカニズムを完全運用させ、情報通信技術（ICT）をはじめとする実現技術の利用を強化する。	
159	17.9	全ての持続可能な開発目標を実施するための国家計画を支援するべく、南北協力、南南協力及び三角協力などを通じて、開発途上国における効果的かつ的をしぼった能力構築の実施に対する国際的な支援を強化する。	
160	17.10	ドーハ・ラウンド（DDA）交渉の受諾を含むWTOの下での普遍的でルールに基づいた、差別的でない、公平な多角的貿易体制を促進する。	
161	17.11	開発途上国による輸出を大幅に増加させ、特に2020年までに世界の輸出に占める後発開発途上国のシェアを倍増させる。	
162	17.12	後発開発途上国からの輸入に対する特恵的な原産地規則が透明で簡略的かつ市場アクセスの円滑化に寄与するものとなるようにすることを含む世界貿易機関（WTO）の決定に矛盾しない形で、全ての後発開発途上国に対し、永続的な無税・無枠の市場アクセスを適時実施する。	

	インディケーター
17.1.1	GDPに占める政府歳入合計の割合（収入源別）
17.1.2	国内予算における、自国内の税収が資金源となっている割合
17.2.1	OECD/DACによる寄与のGNIに占める純ODA総額及び後発開発途上国を対象にした額
17.3.1.	海外直接投資（FDI）、ODA及び南南協力の国内総予算に占める割合
17.3.2	GDP総額に占める送金額（USドル）
17.4.1	財及びサービスの輸出額に占める債務額
17.5.1	後発開発途上国のための投資促進枠組みを導入及び実施している国の数
17.6.1	各国間における科学技術協力協定及び計画の数（協力形態別）
17.6.2	100人当たりの固定インターネットブロードバンド契約数（回線速度別）
17.7.1	環境に配慮した技術の開発、移転、普及及び拡散の促進を目的とした開発途上国のための承認された基金の総額
17.8.1	インターネットを使用している個人の割合
17.9.1	開発途上国にコミットした財政支援額及び技術支援額（南北、南南及び三角協力を含む）（ドル）
17.10.1	世界中で加重された関税額の平均
17.11.1	世界の輸出額シェアに占める開発途上国と後発開発途上国の割合
17.12.1	開発途上国、後発開発途上国及び小島嶼開発途上国が直面している関税の平均

147

通し No.		ターゲット	
163	17.13	政策協調や政策の首尾一貫性などを通じて、世界的なマクロ経済の安定を促進する。	
164	17.14	持続可能な開発のための政策の一貫性を強化する。	
165	17.15	貧困撲滅と持続可能な開発のための政策の確立・実施にあたっては、各国の政策空間及びリーダーシップを尊重する。	
166	17.16	全ての国々、特に開発途上国での持続可能な開発目標の達成を支援すべく、知識、専門的知見、技術及び資金源を動員、共有するマルチステークホルダー・パートナーシップによって補完しつつ、持続可能な開発のためのグローバル・パートナーシップを強化する。	
167	17.17	さまざまなパートナーシップの経験や資源戦略を基にした、効果的な公的、官民、市民社会のパートナーシップを奨励・推進する。	
168	17.18	2020年までに、後発開発途上国及び小島嶼開発途上国を含む開発途上国に対する能力構築支援を強化し、所得、性別、年齢、人種、民族、居住資格、障害、地理的位置及びその他各国事情に関連する特性別の質が高く、タイムリーかつ信頼性のある非集計型データの入手可能性を向上させる。	
169	17.19	2030年までに、持続可能な開発の進捗状況を測るGDP以外の尺度を開発する既存の取組を更に前進させ、開発途上国における統計に関する能力構築を支援する。	

	インディケーター
17.13.1	マクロ経済ダッシュボード
17.14.1	持続可能な開発の政策の一貫性を強化するためのメカニズムがある国の数
17.15.1	開発協力提供者ごとの、その国の持つ結果枠組み及び計画ツールの利用範囲
17.16.1	持続可能な開発目標の達成を支援するマルチステークホルダー開発有効性モニタリング枠組みにおいて進捗を報告する国の数
17.17.1	(a) 官民パートナーシップにコミットしたUSドルの総額、(b) 市民社会のパートナーシップにコミットしたUSドルの総額
17.18.1	公的統計の基本原則に従い、ターゲットに関する場合に、各国レベルで完全に詳細集計されて作成されたSDG指標の割合
17.18.2	公的統計の基本原則に準じた国家統計法のある国の数
17.18.3	十分な資金提供とともに実施されている国家統計計画を持つ国の数（資金源別）
17.19.1	開発途上国における統計能力の強化のために利用可能となった資源のドル額
17.19.2	a) 少なくとも過去10年に人口・住宅センサスを実施した国の割合 b) 出生届が100％登録され、死亡届が80％登録された国の割合

※2018年12月現在、指標数は232となっている。しかし、指標の中には、複数のゴールの進捗状況を管理するために重複して利用されるものが含まれているので注意が必要である。

参考資料2 SDGsのゴール・ターゲットと建築産業がこれから取り組むべき活動（事例）

　建築産業がSDGs達成に向けて取り組むべき活動をSDGsのゴールとターゲットに対応させた形で整理した事例を掲載した。一般建築産業、住宅産業、不動産業がこれから取り組むべき活動について、委員会の産業界の委員にヒアリングを行い、汲み上

①ゴール		②ターゲット	
1 貧困を なくそう	ゴール1. あらゆる 場所の形態の 貧困を終わせる	1.1 極度の貧困をあらゆる場所で終わらせる	
		1.2 貧困状態にある男性、女性、子どもの割合を半減	
		1.3 貧困層及び脆弱層に対し十分な保護を達成	
		1.4 土地及びその他の形態の財産に対する所有権など、平等な権利を持つことができる	
		1.5 貧困層や脆弱な状況にある人々の強靱性（レジリエンス）を構築し、脆弱性を軽減	
		1.a 開発途上国に対して、開発協力の強化などを通じて、相当量の資源の動員を確保する。	
		1.b 貧困撲滅のための行動への投資拡大を支援するため、適正な政策的枠組みを構築する。	
2 飢餓を ゼロに	ゴール2. 飢餓を終わらせ、 食料安全保障及び 栄養改善を実現し、 持続可能な農業を 促進する	2.1 飢餓を撲滅し、食料を十分得られる	
		2.2 2030年までにあらゆる形態の栄養不良を解消し、若年女子、妊婦・授乳婦及び高齢者の栄養ニーズへの対処を行う。	

げた情報を集積・整理したものである。4章の図4.3に示すSDGsの観点からの順位づけの作業を実施するに際しては、この資料が参考になる。

③これから取組むべき活動（事例）			
③-1 共通	③-2 一般建築産業	③-3 住宅産業	③-4 不動産業
	現地調達の推進 建設技能労働者育成学校・研修所の設立（育成後、現地就労または日本派遣）		
			セーフティネット住宅を組込んだ複合再開発と居住者に対する職及び随時支援サービスの提供
		アフォーダブル住宅の融資スキーム開発	
	新興国へのBCP技術の移転 新興国政府等とBCPの共同研究・検討	自然災害に耐えられるアフォーダブル住宅の提供 途上国において自然災害に耐えうる安価で強靭な住宅の普及	
途上国への技術協力や資金協力による各種プロジェクトへの参画			
			各地域の「居住支援協議会」への参画、政策提言など
	食糧備蓄倉庫の提供 次世代冷凍・冷蔵庫の開発（省エネ・再エネ利用等）	家庭菜園（ミミズコンポストタワー等シンプルな高機能型）の展開	
			分譲住宅・マンション等での（高齢者向き）宅配サービスの提供

①ゴール		②ターゲット	
(前頁より)	(前頁より)	2.3 小規模食料生産者の農業生産性及び所得を倍増	
2 飢餓を ゼロに	ゴール 2. 飢餓を終わらせ、食料安全保障及び栄養改善を実現し、持続可能な農業を促進する	2.4 強靭な農業	
		2.a 開発途上国に国際協力の強化などを通じて、農村インフラ、農業研究・普及サービス、技術開発及び植物・家畜のジーン・バンクへの投資の拡大を図る。	
3 すべての人に 健康と福祉を	ゴール 3. あらゆる年齢の全ての人々の健康的な生活を確保し、福祉を促進する	3.4 非感染性疾患による若年死亡率を3分の1減少	
		3.6 道路交通事故による死傷者を半減	
		3.8 保健サービスへのアクセス、安価な必須医薬品とワクチンへのアクセス、ユニバーサル・ヘルス・カバレッジ（UHC）を達成	

③これから取組むべき活動（事例）			
③-1 共通	③-2 一般建築産業	③-3 住宅産業	③-4 不動産業
			小規模点在農地の統合・大規模化を含むコンパクトシティへの取組
	植物工場の建設、普及 植物工場の輸出 次世代植物工場（省エネ・再エネ利用・植物育成不適格地立地等）の開発		植物工場の建設、普及
食料生産関連施設の海外展開	植物工場の海外輸出		植物工場の海外輸出
	従業員の健康・メンタルヘルス 現場の週休2日の達成。新3K(高い給料、長い休日、希望が持てる産業)への取組 重粒子線・陽子線治療施設の展開	現場の週休2日の達成。新3K(高い給料、長い休日、希望が持てる産業)への取組	
	スマートシティ(スマートモビリティーシステム)の推進 発展途上国でのインフラ整備	自動運転車の普及を前提とした分譲地・都市デザインの革新	都市計画による歩車道の上下分離促進 住宅密集地等における市街地再開発の促進による歩車道分離の促進
福祉施設不足の解消	病院PPPへの取組		複合再開発等における医療施設、福祉施設の充実化 サ高住・セーフティネット住宅を組込んだ複合再開発や居住者に対する職及び送迎等の随時支援サービスの提供

①ゴール		②ターゲット	
(前頁より)	(前頁より)	3.9 有害物質、大気、水質、土壌の汚染による死亡及び疾病の件数を減少	
3 すべての人に健康と福祉を	ゴール 3.あらゆる年齢の全ての人々の健康的な生活を確保し、福祉を促進する	3.a たばこの規制	
		3.b 感染性及び非感染性疾患	
		3.c 保健財政及び保健人材の採用、能力開発・訓練及び定着を大幅に拡大	
		3.d 健康危険因子の警告、緩和、管理	
4 質の高い教育をみんなに	ゴール 4.全ての人に包摂的かつ公正な質の高い教育を確保し、生涯学習の機会を促進する	4.1 無償かつ公正で質の高い初等教育及び中等教育	
		4.2 初等教育を受ける準備が整うようにする。	
		4.3 技術教育・職業教育及び大学を含む高等教育への平等なアクセス	
		4.4 雇用、働きがいのある人間らしい仕事及び起業に必要な技能を備えた若者と成人の割合を大幅に増加	

154 建築産業にとってのSDGs（持続可能な開発目標）―導入のためのガイドラインー

	③これから取組むべき活動（事例）			
	③-1 共通	③-2 一般建築産業	③-3 住宅産業	③-4 不動産業
		空間分割及び換気による空気制御	グリーンインフラの推進（植物を活用した低影響都市デザインによる住宅地設計）空気浄化緑化技術の普及	物流施設の拡充による渋滞解消
		室分離または屋外配置による喫煙場所管理		室分離または屋外配置による喫煙場所管理
		空間分割及び換気による空気制御		
		ワクチン備蓄倉庫の提供(BCP、温度・湿度管理)		
	断熱向上による健康の維持増進			
	質の高い教育を提供しやすい学校建築の普及	新興国の小学校に木工場生産の木製品（例えば積み木等）の提供	建設事故労働者子息の就学支援基金整備	
	事業所内託児所の設置	途上国において工業化工法の推進により建設労働者の定住化を図り、児童の就学率向上に貢献する	途上国において工業化工法の推進により建設労働者の定住化を図り、児童の就学率向上に貢献する	複合再開発等における子育て支援施設の充実化
	途上国へのプレハブ校舎の建築、寄贈	小中学校、高校のキャリア教育プログラム（企業訪問）への協力奨学金制度	建設作業者の労働負荷軽減のための機械化、ロボット技術の導入途上国へのプレハブ校舎の建築、寄贈	職業訓練校や施設を併設した複合再開発の推進
	スタートアップ支援、ベンチャーキャピタル、プロボノ現地雇用の促進、職業訓練、研修制度	小中学校、高校のキャリア教育プログラム（企業訪問）への協力インターンシップ職業訓練海外技能研修制度の活用	スタートアップ支援、ベンチャーキャピタル、プロボノ海外事業拡大に伴う現地雇用の促進木材調達におけるコミュニティ林業に対する教育の支援	商業施設の開発による地域雇用の創出

①ゴール		②ターゲット	
(前頁より)	(前頁より)		
4 質の高い教育を みんなに	ゴール 4. 全ての人に包摂的かつ公正な質の高い教育を確保し、生涯学習の機会を促進する	4.5 ジェンダー格差を無くし、脆弱層があらゆるレベルの教育や職業訓練に平等にアクセス	
		4.7 全ての学習者が、持続可能な開発を促進するために必要な知識及び技能を習得	
		4.a 子ども、障害及びジェンダーに配慮した教育施設を構築・改良し、学習環境を提供	
		4.b 高等教育の奨学金の件数を全世界で大幅に増加	
5 ジェンダー平等を 実現しよう	ゴール 5. ジェンダー平等を達成し、全ての女性及び女児の能力強化を行う	5.1 すべての女性、女児に対する差別の撤廃	
		5.2 人身売買や性的、その他の種類の搾取など、すべての女性及び女児に対する、公共・私的空間におけるあらゆる形態の暴力を排除する。	
		5.4 育児・介護や家事労働を認識・評価	

156 建築産業にとってのSDGs（持続可能な開発目標）―導入のためのガイドライン―

③これから取組むべき活動（事例）			
③-1　共通	③-2　一般建築産業	③-3　住宅産業	③-4　不動産業
農福連携による障害者雇用の促進（特例子会社）	社会貢献として貧困地域、途上国の教育支援活動団体への寄付・支援	農福連携による障害者雇用の促進（特例子会社）	保育所等の児童福祉施設、特別支援学級や就労移行支援事業所及び就労継続支援事業所等の障害者福祉施設等を併設したセーフティネット住宅の開発や、住まいと一体の関連支援サービスの提供
	建設や建物を通じた地域等への環境教育の機会 地域貢献活動 文化事業(ギャラリー、展示館、季刊誌、重要文化財保存等)	従業員、協力工事店職人、退職者のための生涯学習機会提供	複合再開発等における生涯学習施設の整備
	次世代小学校建築の取組 （オープン化・バリアフリー化・木質化等）		
	建築・土木学部の学生への奨学金		
	女性が活躍しやすい現場環境の整備		
			セキュリティー強化型開発の推進 死角を考慮した都市計画や配棟の推進 敷地内・建物内監視カメラの増設 緊急通報システムの導入
	育児・介護への制度拡充（フレックス、育休2年、時短15分単位）		育児・介護への制度拡充（フレックス、育休2年、時短15分単位）

①ゴール		②ターゲット	
(前頁より)	(前頁より)	5.5 女性の参画、平等なリーダーシップの機会	
5 ジェンダー平等を実現しよう	ゴール 5.ジェンダー平等を達成し、全ての女性及び女児の能力強化を行う	5.a 女性に対し経済的資源に対する同等の権利	
		5.b 女性の能力強化促進のためICTをはじめとする実現技術の活用を強化	
6 安全な水とトイレを世界中に	ゴール 6.全ての人々の水と衛生の利用可能性と持続可能な管理を確保する	6.1 安全で安価な飲料水のアクセス	
		6.2 下水施設・衛生施設へのアクセス	
		6.3 未処理の排水の割合半減、再生利用による水質改善	
		6.4 水利用の効率を改善、水不足に悩む人々の数を減少	
		6.6 山地、森林、湿地、河川、帯水層、湖沼を含む水に関連する生態系の保護・回復	
		6.a 水の効率的利用、排水処理、リサイクル・再利用技術の国際協力	
		6.b 水と衛生の管理向上に関する地域コミュニティの参加	

	③これから取組むべき活動（事例）			
	③-1　共通	③-2　一般建築産業	③-3　住宅産業	③-4　不動産業
		女性社員の比率増加、ライン長研修、ジョブリターン制度、こまちルーム、他 女性管理職の増加、女性経営者研修の実施		女性社員を中心に構成したメンバーによるプロジェクト推進、施策の企画・実行 女性活躍推進目標の設定・開示 イベントや対話、SNS等を通じた、働く女性のインサイト調査 ライン長研修、ジョブリターン制度、こまちルーム、他
		IT活用や経営知識研修の実施 女性向け大型車・特殊車運転免許取得支援 ICT施工		
	水資源保護に向けた影響評価（サプライチェーン含む）	PPPによる持続可能な上下水道運営	アフォーダブル住宅での浄水確保システム（雨水利用システム等）	水道事業等、都市インフラの一部民間受託
		PFI事業による下水道事業への参入	アフォーダブル住宅での下水処理システム（バイオトイレの普及）	
				大規模複合開発による中水利用建物の供給促進
	水資源保護に向けた影響評価（サプライチェーン含む）	新興国への水処理・排水処理施設の展開		
	国産木材との新規複合材の開発推進	国産木材との新規複合材の開発推進		
	超節水・中水利用建物の供給促進 海外物件等での協力			
	河川、湖沼保護に関する地域活動参加	地域での水利用への協力 食品、高齢者施設等での衛生管理ソリューション	河川、湖沼保護に関する地域活動参加	地域での水利用への協力

①ゴール		②ターゲット	
7 エネルギーをみんなに そしてクリーンに	ゴール7. 全ての人々の、安価かつ信頼できる持続可能な近代的エネルギーへのアクセスを確保する	7.1 安価かつ信頼できる現代的エネルギーサービスのアクセス	
		7.2 再生可能エネの割合	
		7.3 世界全体のエネ効率の改善率を倍増	
		7.a 再生可能エネ、クリーンエネの研究、技術等の国際協力	
		7.b 各国インフラ拡大と技術向上	

160 建築産業にとってのSDGs（持続可能な開発目標）—導入のためのガイドライン—

	③これから取組むべき活動（事例）			
	③-1 共通	③-2 一般建築産業	③-3 住宅産業	③-4 不動産業
		政府・商社等と連携して上流部門への取組 建築物、地域へのエネルギー最適供給の業務	ZEH拡充（太陽光発電、燃料電池、蓄電池等システムの普及）	ZEB・ZEH、スマートシティの推進 再エネ発電事業、電力小売り事業の推進
	再生可能エネルギーの利用 エネルギーの融通	再エネ拡大と建築・敷地との融合、地域エネと建築物の連携、エネルギー融通など 再生可能エネルギー施設関連技術（太陽光、風力、水力、地熱、バイオマス）	ZEH拡充（太陽光発電、燃料電池、蓄電池等システムの普及） エネルギーの融通	再エネ拡大と建築・敷地との融合、地域エネと建築物の連携、エネルギー融通など 未利用エネルギー（生ゴミ等のバイオマス資源、ゴミ焼却場・変電所等の廃熱、下水熱、河川熱、地中熱など）の活用
	EP100(エネ効率2倍)への加盟、活動推進 マイクログリッドの普及 途上国でのインバータエアコンの普及	エネ効率改善の取組 環境・減災を基軸とした建物づくり ＺＥＢへの取組 スマートコミュニティへの取組	ZEH拡充（太陽光発電、燃料電池、蓄電池等システムの普及） LCCM住宅の普及推進	ZEB・ZEH、スマートシティの推進 HEMS、MEMS、BEMS、CEMS等のエネルギーマネジメントシステムの導入促進
		水素エネルギー活用技術 オープンイノベーションの推進 先進超々臨海圧火力発電の実用化 グリーンボンドの購入	クレジット、グリーンボンドの活用	
		エネルギーインフラ技術の途上国への輸出（発電等）		

①ゴール	②ターゲット	
ゴール 8. 包摂的かつ持続可能な経済成長及び全ての人々の完全かつ生産的な雇用と働きがいのある人間らしい雇用（ディーセント・ワーク）を促進する	8.1 1人当たり経済成長率を持続させる	
	8.2 多様化、技術向上及びイノベーションを通じた高い経済生産性の達成	
	8.3 生産活動や適切な雇用創出、起業、創造性及びイノベーションを支援する開発重視型の政策を促進	
	8.4 消費と生産における資源効率の改善	

③これから取組むべき活動（事例）			
③-1　共通	③-2　一般建築産業	③-3　住宅産業	③-4　不動産業
働き方改革の推進 優良ストックの蓄積と資産評価額の増加 知的生産性の高い建物を創造することを通した経済成長の実現	建設産業における働き方改革の推進：長時間労働の是正等、建設技能者の処遇改善・就労者支援、生産性の向上、下請取引の改善、けんせつ小町の活躍推進、子育て・介護と仕事の両立、建設時技能者のキャリアアップの促進、同一労働同一賃金、技能労働者の多能工化など、多様な人材の活用 海外企業のM&A 現地調達の推進 途上国への事業進出による雇用の創出	途上国への事業進出による雇用の創出	関連産業と協調した総合的な生産性向上の推進 途上国への事業進出による雇用の創出
施工生産性の向上 労働力不足の解消	人々の創造性、知的生産性、健康性を高める建築、空間、環境の創出 生産性向上へのさらなる取組強化 ロボット、AI活用による施工生産性の向上、労働力不足の解消	施工の機械化（ロボット技術の導入）による労働力補完 生産工程の機械化（自動化ライン充実）	快適性や知的生産性の高い居住空間、労働空間の提供
インキュベーションセンター設立、起業支援制度の導入	人々の創造性、知的生産性、健康性を高める建築、空間、環境の創出	インキュベーションセンター設立、起業支援制度の導入	地域の生活に密着した多様な産業・関係者との連携を通じたまちづくりの推進
	建築における消費と生産の資源効率の改善（ゼロエミッション等） リサイクル、廃棄物削減による省資源化の推進	リサイクル、廃棄物削減による省資源化の推進	資源効率の高い大規模複合開発の推進

①ゴール		②ターゲット	
(前頁より)	(前頁より)	8.5 全ての人々の働きがいのある人間らしい仕事	
8 働きがいも 経済成長も	ゴール 8. 包摂的かつ持続可能 な経済成長及び 全ての人々の完全 かつ生産的な雇用と 働きがいのある 人間らしい雇用 (ディーセント・ワーク) を促進する	8.6 就労、就学及び職業訓練を行っていない若者 の割合を大幅に減らす	
		8.8 女性の移住労働者や不安定な雇用状態にあ る労働者などの権利を保護、安全・安心な労 働環境を促進	
		8.9 雇用創出、地方の文化振興・産品販促につな がる持続可能な観光業を促進するための政策 立案と実施	
		8.10 国内の金融機関の能力強化、すべての人々 の銀行取引、保険及び金融サービスへのア クセスを促進・拡大	
		8.a 拡大統合フレームワーク (EIF) などを通じ 開発途上国に対する貿易のための援助を拡大	
		8.b 若年雇用	
9 産業と技術革新の 基盤をつくろう	ゴール 9. 強靭 (レジリエント) なインフラ構築、 包摂的かつ持続可能 な産業化の促進及び イノベーションの 推進を図る	9.1 地域・越境インフラを含む持続可能なインフラ	

③これから取組むべき活動（事例）			
③-1　共通	③-2　一般建築産業	③-3　住宅産業	③-4　不動産業
農福連携による障害者雇用の促進（特例子会社） 現場労働環境改革（賃金、休日、将来性） 障害者雇用の促進	建設技能労働者の正社員化の検討		セーフティネット住宅を組み込んだ複合再開発 コンパクトシティの推進による職住近接化の推進
職業体験受け入れによる就労支援の実施	建設アカデミーの設立 建設学校（大学等）の設立	職業体験受け入れによる就労支援の実施	保育所等の児童福祉施設、特別支援学級や就労移行支援事業所及び就労継続支援事業所等の障害者福祉施設の併設等、住まいと一体の関連支援サービスの提供による就労機会の拡大
	外国人技能実習生の活躍推進		
	地方公共団体等の地域振興計画への参画 空港PPPへの取組 次世代ホテルの開発（省エネ・再エネ利用・省人化他）		
景気に左右されにくい事業ポートフォリオの構築	RPA・新型店舗・事務センター普及 キャッシュレス決済（QRコード他）への対応		
	インフラ輸出（港湾）への取組		
	ダイバーシティ経営の推進		
蓄電池の導入推進と運用技術開発	エネルギー融通（非常時・常時）等 地域防災・減災 スマートインフラ管理の推進 耐震、免震、制振 地域冷暖房 無電源でも自然の力を活用し浄化や貯水を行うことのできるグリーンインフラの開発、採用 生活産業インフラとなる物流施設の開発	マイクログリッドを活用したスマート防災エコタウン等の展開 蓄電池の導入推進と運用技術開発	コンパクトシティ化と分散型エネルギーシステムの構築

①ゴール		②ターゲット	
（前頁より）	（前頁より）	9.2 包摂的かつ持続可能な産業化	
		9.3 バリューチェーン及び市場への統合のアクセスの拡大	
9 産業と技術革新の基盤をつくろう	ゴール9. 強靭（レジリエント）なインフラ構築、包摂的かつ持続可能な産業化の促進及びイノベーションの推進を図る	9.4 資源利用効率向上とクリーン技術、環境配慮技術、インフラ改良や産業改善	
		9.5 研究開発従業者数の増加、科学研究の促進、技術能力向上	
		9.a 開発途上国へのインフラ開発	

166　建築産業にとってのSDGs（持続可能な開発目標）―導入のためのガイドライン―

③これから取組むべき活動（事例）			
③-1 共通	③-2 一般建築産業	③-3 住宅産業	③-4 不動産業
	建設業全体の働き方改革の推進 生産性・安全性向上に資する技術開発 スマート工場の推進（IoT・省エネ・産業ロボット・協働ロボット）		産業を促進する工業団地の開発
グローバルチェーンを通じた温室効果ガス削減	建築材料、製品等の調達網の改善		グローバルバリューチェーンにおける調達管理、最適化
	資源利用効率向上とクリーン技術、環境配慮技術の改善 建設廃材の再利用 環境配慮型の建設材料の使用	リサイクル建材の拡大と循環型資源利用システム	AI・IoT等、新技術を活用したまちづくりの推進 電気自動車用充電器等の設置や商業施設での公共交通機関利用促進サービス 分譲マンションにカーシェアリング用電気自動車・レンタサイクルを配置 水道事業等、都市インフラの一部民間受託
研究部門における新規技術開発人員の増員	次世代研究所の開発（省エネ・クリエイティブ・コミュニケーション向上他）新興国への建設技術の移転・共同開発	研究部門における新規技術開発人員の増員	スマートシティ等の推進に関する人員増、新組織設立
	インフラ輸出（住宅・オフィス、学校・病院などの公益施設、ごみ処理施設・し尿処理施設、空港ターミナル・駅舎・交通ターミナル、公園など）への取組 アジア等への技術提案と実施 グリーン国債の購入	途上国に対するインフラ技術提供	アジア等への技術提案と実施

①ゴール		②ターゲット	
(前頁より) **9** 産業と技術革新の基盤をつくろう	(前頁より) **ゴール 9.** 強靭（レジリエント）なインフラ構築、包摂的かつ持続可能な産業化の促進及びイノベーションの推進を図る	9.b 開発途上国での産業多様化や商品への付加価値創造	
		9.c 後発開発途上国において情報通信技術へのアクセスを大幅に向上させ、インターネットアクセスを提供	
10 人や国の不平等をなくそう	**ゴール 10.** 各国内及び各国間の不平等を是正する	10.1 各国の所得下位40％の所得成長率について、国内平均を上回る数値を漸進的に達成	
		10.2 すべての人々の能力強化及び社会的、経済的及び政治的な包含を促進	
		10.3 差別的な法律・政策慣行を撤廃し、機会均等確保・成果の不平等是正	
		10.4 税制、賃金、社会保障政策をはじめとする政策を導入し、平等の拡大を漸進的に達成	
		10.7 移民政策の実施などを通じて、移住や流動性を促進	
		10.b 後発開発途上国などへの政府開発援助（ODA）及び海外直接投資を含む資金の流入を促進	
11 住み続けられるまちづくりを	**ゴール 11.** 包摂的で安全かつ強靭（レジリエント）で持続可能な都市及び人間居住を実現する	11.1 安価な住宅及び基本的サービスへのアクセス、スラムの改善	
		11.2 安全かつ安価で容易に利用できる、持続可能な輸送システムへのアクセスを提供	

③これから取組むべき活動（事例）			
③-1 共通	③-2 一般建築産業	③-3 住宅産業	③-4 不動産業
		途上国へのプレハブ工法技術移転	
	次世代データセンターの開発（省エネ・再エネ利用等）光ファイバー網の整備	光ファイバー網の整備	
途上国での雇用創出			保育所等の児童福祉施設、特別支援学級や就労移行支援事業所及び就労継続支援事業所等の障害者福祉施設等を併設したセーフティネット住宅の開発や、住まいと一体の関連支援サービスの提供による就労機会の拡大
	英国奴隷法、独奴隷法等への対応（グローバル企業）		
障害者雇用			
	サプライチェーン管理		
	建設技能労働者育成学校の設立（育成後、現地及び先進国派遣）ローコストで環境配慮型の住宅の提供		
	海外開発プロジェクトの創出（ODA規制緩和の働き掛け）		
PREの促進	アフォーダブル住宅の展開		サ高住・セーフティネット住宅の供給及び支援サービスの提供
コンパクトシティへの取組次世代交通システムへの取組			各地域の「居住支援協議会」への参画、政策提言など

169

①ゴール		②ターゲット	
（前頁より）	（前頁より） **11** 住み続けられる まちづくりを ゴール11. 包摂的で安全かつ 強靭（レジリエント） で持続可能な都市 及び人間居住を 実現する	11.3 包摂的かつ持続可能な都市化を促進、包摂的かつ持続可能な人間居住計画・管理の能力を強化	
		11.4 世界の文化遺産の保護・保全	
		11.5 水関連災害などの災害による死者や被災者を削減	

	③これから取組むべき活動（事例）			
	③-1 共通	③-2 一般建築産業	③-3 住宅産業	③-4 不動産業
	気候変動の緩和と適応に対応した都市計画の改善、インフラ強化 レジリエントな地域づくり	建築物の新築・改修、高耐震・耐震改修等の推進、ランドスケープ、地域再開発、都市再生 スマートシティ・まちづくりへの取組 まちづくり手法の検討〜規制緩和・資金調達(不動産ファンド他)等 まちづくりオープンイノベーションの開設 次世代オフィス・次世代住宅（スマートウェルネス・クリエイティブ・コミュニケーション向上等）の開発 グリービル認証・CASBEE認証取得支援	コンパクトシティの実現 気候変動の緩和と適応に対応した都市計画の改善、インフラ強化 スマート防災エコタウン等	ZEB・ZEHの推進 AI・IoTの活用を前提としたまちづくりの推進 地域関係者と連携した包摂的なサービスの提供 老朽不動産再生コンサルティングサービスの提供 スマートシティ（人類が直面する幅広い課題の解決を目指す）の取組
	事業・経営との関連性が高い文化遺産、自然遺産保護活動への協力、参加・寄付	歴史的建築の保存と改修、文化遺産としての保存と運用など 職人の技術と後継者の育成 過去の建築技術の研究と研究支援	事業・経営との関連性が高い文化遺産、自然遺産保護活動への協力、参加・寄付	歴史的建築の保存と改修、文化遺産としての保存と運用など
	自然災害における被害軽減設計，計画	津波、洪水その他自然災害への安全性を高めた計画、事業継続性向上	自然災害における被害軽減設計，計画	津波避難建物やスーパー堤防事業を取り込んだ開発事業の推進 狭隘道路や谷戸地区、木造建物密集地等、災害時避難困難街区の再開発推進 地域防災訓練の実施、非常用品の備蓄、避難困難者受け入れ、地域連携スタッフの育成・配置

①ゴール		②ターゲット	
（前頁より）	（前頁より）		
11 住み続けられるまちづくりを	ゴール 11. 包摂的で安全かつ強靭（レジリエント）で持続可能な都市及び人間居住を実現する	11.6 大気の質、他の廃棄物の管理に注意を払い、都市の一人当たりの環境上の悪影響を軽減	
		11.7 緑地や公共スペースへの普遍的アクセスを提供	
		11.a 地域規模の開発計画の強化を通じて、都市周辺部及び農村部間の良好なつながりを支援	
		11.b 資源効率、気候変動の緩和と適応、災害に対する強靭さを目指す総合的政策、計画、都市及び人間居住地を大幅に増加、災害リスク管理の策定と実施	

172　建築産業にとってのSDGs（持続可能な開発目標）―導入のためのガイドライン―

③これから取組むべき活動（事例）			
③-1 共通	③-2 一般建築産業	③-3 住宅産業	③-4 不動産業
高度換気システム（PM2.5、花粉、モニタリング等）の開発、導入 空気浄化緑化技術の普及 植林事業の参画	建築物としての基準、地域としての基準の遵守	高度換気システム（PM2.5、花粉、モニタリング等）の開発、導入 空気浄化緑化技術の普及 植林事業の参画	地方都市のコンパクト＆立体化促進による自家用自動車通勤の削減 市街地再開発等、建物の集約化による歩道・自転車通路用空地の創出 発電設備付き産業廃棄物焼却施設一体型複合再開発の検討、等
	良質な緑地、公共スペースの提供	都市緑化、グリーンインフラの拡大 パークマネジメントを軸とした都心の住環境整備	テナントや住民、地域と連携した緑化の取組 開発敷地内に現存する樹林などの植生に配慮した緑化計画、自然資源の保全、多様な生態空間の創出
	PFI・PPP案件への取組 グリーンフィールドの保全、ブラウンフィールドの改善、新たな緑地の創出 公共施設の統廃合、公有地の有効活用への取組 環境不動産への取組	二地域居住等の制度整備 まちづくりにおける地域コミュニケーション強化の実現（施設及び施策）	2020東京オリンピック・パラリンピックを通じた総合的な都市環境整備の推進と、地方・国際アクセスルートの整備促進事業の推進
気候変動の緩和と適応に対応した都市計画の改善、インフラ強化 スマートコミュニティの開発 Society5.0に対応した最先端技術の導入	ＺＥＢ達成、普及・拡大 建設資材運搬時のCO₂削減 ＢＣＰ計画策定支援 旧耐震建物の建替え促進策の検討	マイクログリッドを活用したスマート防災エコタウン等の展開 気候変動の緩和と適応に対応した都市計画の改善、インフラ強化	ZEB・ZEH、スマートシティの推進 分散型エネルギーシステムによる災害時の安定的なエネルギー供給 開発都市・建築物におけるBCPの策定 発電設備付き産業廃棄物焼却施設一体型複合再開発の検討、等

①ゴール		②ターゲット	
（前頁より） **11** 住み続けられる まちづくりを	（前頁より） **ゴール 11.** 包摂的で安全かつ 強靭（レジリエント） で持続可能な都市 及び人間居住を 実現する	11.c 開発途上国における持続可能かつ強靭な 建造物の整備	
12 つくる責任 つかう責任	ゴール 12. 持続可能な生産消費 形態を確保する	12.2 天然資源の持続可能な管理、効率的な利用	
		12.3 食料廃棄の半減、食品ロスの減少	
		12.4 人の健康や環境への悪影響を最小化する ため化学物質や廃棄物の放出を削減	
		12.5 廃棄物の発生を大幅に削減	

174　建築産業にとってのSDGs（持続可能な開発目標）―導入のためのガイドライン―

③これから取組むべき活動（事例）			
③-1　共通	③-2　一般建築産業	③-3　住宅産業	③-4　不動産業
現地資材、人員を活用した海外建築物件での技術開発、実証	海外物件での貢献、現地調達の推進現地の建材を活用し、気候風土に適した建築工法の開発	現地の建材を活用し、気候風土に適した建築工法の開発	海外物件での貢献
違法伐採木材の不使用（木材調達ガイドラインの徹底）森林育成紙の利用促進	事業活動におけるマテリアルフローの把握木造／木質建築・CLTの普及推進FSC認証取得（木工場）建築物の長寿命化（ハード、ソフト両面）鉄鉱石・原料炭採掘場の環境整備（水害対策他）骨材（砂・砕石）・セメント（石灰石・粘土）採掘場の環境整備高層木造ビルへの取組	ゼロエミッションなど循環型事業の確立違法伐採木材の不使用（木材調達ガイドラインの徹底）森林育成紙の利用促進長寿命建築の推進	地域材の使用地産地消の推進発電設備付き産業廃棄物焼却施設一体型複合再開発の検討、等
食品残さリサイクル設備、施設の導入推進			
建材に含有する物質の有害性評価と適正管理		当初より解体後のリサイクルに配慮された建材開発と情報データ付与システム建材に含有する物質の有害性評価と適正管理	環境負荷の小さい清掃薬剤や低ホルムアルデヒド建材の使用生ゴミリサイクル・たい肥化、古紙・廃油・タイルカーペットの回収・再資源化蛍光灯・乾電池から水銀・アルミニウム等への再生利用
建築物の長寿命化、改修技術開発による解体廃棄物削減	建設副産物の削減、3R推進、既存杭・地下躯体有用構造物の利用検討、建設汚泥の利用（改良土）建設時のCO_2排出量削減CSR調達		廃棄物の従量課金制度の導入PC工法の採用による廃材の削減テナントに対する廃棄物削減、分別の呼びかけリノベーションによる既存ビルの有効活用

①ゴール		②ターゲット	
(前頁より)	(前頁より)	12.6 大企業に持続可能性に関する情報を定期報告に盛り込むよう奨励	
		12.7 持続可能な公共調達	
		12.8 人々があらゆる場所において、持続可能な開発及び自然と調和したライフスタイルに関する情報と意識を持つ	
12 つくる責任 つかう責任 ∞	ゴール12. 持続可能な生産消費形態を確保する	12.a 持続可能な消費・生産形態の促進のための科学・技術的能力強化	
		12.b 雇用創出、地方の文化振興など	
		12.c 開発に関する悪影響を最小限、化石燃料に対する非効率な補助金を合理化	

	③これから取組むべき活動（事例）		
③-1 共通	③-2 一般建築産業	③-3 住宅産業	③-4 不動産業
	KPIの設定と定期報告公表		産業廃棄物処理業者の処理状況の実地確認と監査の実施、CSRレポートへの反映
	グリーン購入、グリーン調達（長いサプライチェーン、労働、木材等のトレイサビリティ）		グリーン調達の推進
生物多様性保全の取組、自然環境と調和したまちづくり、エネルギーゼロのまちづくり 持続可能で自然と調和したライフスタイルの提案及び情報発信 ビルオーナーとテナントが共同で運用エネルギーを削減、グリーンリース等	建築物における持続可能な開発及び自然と調和したライフスタイルの提案	持続可能なライフスタイル、住まい方の提案 生物多様性保全の取組、自然環境と調和したまちづくり、エネルギーゼロのまちづくり 持続可能で自然と調和したライフスタイルの提案及び情報発信	各社広報CSR・CSV活動の推進
	廃棄物データの公表とフォローアップ		廃棄物データの公表とフォローアップ
	地域振興計画策定支援への取組 地域名産品の建築物への採用推進	「民泊」対応型個人住宅、小規模宿泊施設の拡充	米作り活動の支援 国内地方都市や農山村、途上国における環境保全、文化継承、雇用創出、インフラ整備
	環境アセスメント、グリーンフィールドの保全・地形の保全等の計画		地方都市のコンパクト＆立体化促進や歩道・自転車通路用空地の創出 発電設備付き産業廃棄物焼却施設一体型複合再開発の検討、等

①ゴール		②ターゲット	
13 気候変動に具体的な対策を	ゴール 13. 気候変動及び その影響を軽減する ための緊急対策を 講じる	13.1 気候関連災害や自然災害に対する強靭性 及び適応の能力を高める	
		13.3 気候変動の緩和、適応、他に関する教育、 啓発、人的能力改善	
		13.a 緑の気候基金の始動	
14 海の豊かさを守ろう	ゴール 14. 持続可能な開発の ために海洋・海洋 資源を保全し、持続 可能な形で利用する	14.1 あらゆる種類の海洋汚染を防止	
		14.2 海洋及び沿岸の生態系の回復	
		14.3 海洋酸性化の影響を最小限化	
		14.4 水産資源の回復	
		14.5 沿岸域、海域の19%を保全	
		14.6 過剰漁獲の禁止	
		14.7 開発途上国における海洋資源の持続的な 利用	

	③これから取組むべき活動（事例）			
	③-1 共通	③-2 一般建築産業	③-3 住宅産業	③-4 不動産業
	EP100(エネ効率2倍) RE100(再エネ100%) 地域におけるエネルギー融通 気候変動に適応したレジリエントなインフラ整備 建設時／改修時／廃棄時のCO₂排出量のさらなる削減 最小エネルギー消費とするZEB・ZEHの普及推進	省エネと快適性向上、BCP向上等、ZEBの推進 気象災害、自然災害に強い都市・構造物の構築 CO₂削減の中長期目標 フロン対策 長寿命建物の普及促進 作業所における異常気象対策 強靱な防波堤の建設 建設ロジスティクス再構築への取組 ・トラック減検討（ミルクラン他） ・次世代自動車(EV・FCV・バイオ燃料対応)の導入他	ZEHの推進 ライフサイクルカーボンマイナス住宅(LCCM住宅)の開発	ZEB・ZEH、スマートシティの推進 コンパクトシティの推進 津波避難建物やスーパー堤防事業を取り込んだ開発事業の推進 狭隘道路や谷戸地区、木造建物密集地等、災害時避難困難街区の再開発推進 地域防災訓練の実施、非常用品の備蓄、避難困難者受け入れ、地域連携スタッフの育成・配置 市街地再開発等、建物の集約化による歩道・自転車通路用空地の創出
		関連した活動、教育、人材育成		
		グリーンボンド		
		マイクロプラスティック汚染の原因となる廃棄物の削減	居住由来のマイクロプラスティック回収技術の導入 マイクロプラスティック汚染の原因となる廃棄物の削減	3Rの推進による海洋汚染物質の削減
	海と連生する森林資源の保護	海洋沿岸における生態系保全（湖畔、沿岸の物件等）	海洋沿岸における生態系保全（湖畔、沿岸の物件等）	沿岸部のまちづくりにおける生態系保全

①ゴール		②ターゲット	
(前頁より) **14** 海の豊かさを守ろう	(前頁より) **ゴール 14.** 持続可能な開発のために海洋・海洋資源を保全し、持続可能な形で利用する	14.a 海洋生物多様性のための技術移転	
		14.c 海洋及び海洋資源の保全及び持続可能な利用を強化	
15 陸の豊かさも守ろう	**ゴール 15.** 陸域生態系の保護、回復、持続可能な利用の推進、持続可能な森林の経営、砂漠化への対処、並びに土地の劣化の阻止・回復及び生物多様性の損失を阻止する	15.1 陸域生態系と内陸淡水生態系及びそのサービスの保全、回復及び持続可能な利用	
		15.2 森林の持続可能な経営、森林減少の阻止、劣化森林を回復、新規植林、再植林	
		15.3 砂漠化に対処	
		15.4 山地生態系の保全	
		15.5 自然生息地の劣化の抑制、絶滅危惧種の保護	

③これから取組むべき活動（事例）			
③-1 共通	③-2 一般建築産業	③-3 住宅産業	③-4 不動産業
	海洋都市構想、海上都市構想 海上石油備蓄基地、海洋資源開発		
地域緑化、都市緑化の推進	生物多様性に配慮した建物、まちづくり、生態系のサービス向上等 グリーンインフラ 環境アセス等を通じた自然環境、生態系の保護	持続可能な木材調達 「企業の森」等森林保全活動（植林、間伐）への協力	保有森林の適切な維持管理及び間伐材などの活用による生物多様性の保全 開発用地内の樹木の移植・保存開発用地内における生物多様性の保全と自然を活かしたデザインの実現 環境アセス等を通じた自然環境、生態系の保護
	木材活用物件の推進、持続的な森林資源の利用 持続可能な森林資源からの型枠利用 国産材の利用促進、CLT工法の推進と林業の産業振興協力 森林経営コンサルティング 植林事業への取組	持続可能な木材調達 国産材の利用促進と林業の産業振興協力 植林事業への投資 従業員等による森林保全活動	プレフォレスト技術を活用した人工森の造営等、緑地の創出 開発地区内の緑被率の向上や水と緑のネットワーク構築
	土壌・地下水浄化エンジニアリング		
	都市型生態系ネットワーク評価システム 里山の保全、希少生物の保護など 国産材の利用促進と林業の産業振興協力	国産材の利用促進と林業の産業振興協力	
野鳥、水系生物の保護活動への協力	生物生息のための緑地、水系、森の創出など	生態系に配慮された地域在来植生の活用 住宅地開発における生態系アセスメントの拡大と精度向上	開発地内での湿地、湖沼の保全

	①ゴール	②ターゲット	
（前頁より）	（前頁より） ゴール 15. 陸域生態系の保護、回復、持続可能な利用の推進、持続可能な森林の経営、砂漠化への対処、並びに土地の劣化の阻止・回復及び生物多様性の損失を阻止する	15.7 動植物種の密猟及び違法取引を撲滅。違法な野生生物製品の需要と供給の両面に対処	
		15.8 外来種の侵入の防止	
		15.9 生態系と生物多様性の価値を戦略及び会計に組み込む	
		15.a 生物多様性と生態系保全のために資金の動員、増額	
		15.c 持続的な生計機会を追求するために地域コミュニティの能力向上を図る等、保護種の密猟及び違法な取引に対処するための努力に対する世界的な支援を強化する。	
	ゴール 16. 持続可能な開発のための平和で包摂的な社会を促進し、全ての人々に司法へのアクセスを提供し、あらゆるレベルにおいて効果的で説明責任のある包摂的な制度を構築する	16.1 暴力及び暴力に関連する死亡率を減少	
		16.2 子どもに対する虐待、搾取、取引及びあらゆる形態の暴力及び拷問を撲滅	
		16.3 国家及び国際的なレベルでの法の支配を促進し、すべての人々に司法への平等なアクセスを提供	
		16.4 違法な資金及び武器の取引を大幅に減少、組織犯罪を根絶	
		16.5 汚職や贈賄を大幅に減少	
		16.7 対応的、包摂的、参加型及び代表的な意思決定を確保	
		16.9 すべての人々に出生登録を含む法的な身分証明を提供	
		16.b 非差別的な法規及び政策を推進し実施	

③これから取組むべき活動（事例）			
③-1 共通	③-2 一般建築産業	③-3 住宅産業	③-4 不動産業
		持続可能な木材調達（違法伐採回避）	
緑地計画における郷土種の積極採用 従業員による外来駆除活動（琵琶湖など）		生態系に配慮された地域在来植生の活用	
グリーンインフラ拡大 自然資本会計の算定			マンション敷地内緑化の推進、開発地周辺の公園との協調等、生物多様性の維持・回復
			マンション居住者向けの生物多様性保全に関する啓発プログラムを実施
防犯住宅、建築、まちづくりの推進			
	CSR調達を通じた児童労働への加担の回避	CSR調達を通じた児童労働への加担の回避	
			マンション販売時の本人確認及び疑わしい取引に関する申告の徹底
		サプライチェーンマネジメント、調達における公正な取引の徹底	
			保育園・サ高住等における運営懇談会の開催、事業報告の実施等
	生体認証を活用した身分証明書の作成(ゼネコン社員・建設技能労働者)		

183

①ゴール	②ターゲット	
ゴール 17. 持続可能な開発の ための実施手段を 強化し、グローバル・ パートナーシップを 活性化する	17.1　開発途上国への国際的な支援	
	17.2　開発途上国へのODA	
	17.7　開発途上国に対し、環境に配慮した技術の 開発、移転、普及、拡散を促進	
	17.9　開発途上国における効果的な能力構築の実 施に関する国際的支援	
	17.14　持続可能な開発のための政策の一貫性を 強化	
	17.16　マルチステークホルダー・パートナーシップ によって持続可能な開発のためのグローバ ル・パートナーシップを強化	

③これから取組むべき活動（事例）			
③-1 共通	③-2 一般建築産業	③-3 住宅産業	③-4 不動産業
海外物件での支援実施			
開発途上国でのODA実施			
途上国での事業展開における技術支援、共同開発など	ローカル技術者への技術教育 インフラ輸出への取組 スマートシティの輸出	途上国での事業展開における技術支援、共同開発など	以下の開発事例のパッケージ輸出 ZEB・ZEH、スマートシティの推進 コンパクトシティの推進 津波避難建物やスーパー堤防事業を取り込んだ開発事業の推進 狭隘道路や谷戸地区、木造建物密集地等、災害時避難困難街区の再開発推進
			地域防災訓練の実施、非常用品の備蓄、避難困難者受け入れ、地域連携スタッフの育成・配置
国際イニシアティブへの参画を通じたメッセージの発信			
進出国における開発協議等を通じたステークホルダーとの対話推進			

参考資料3　建築産業SDGsチェックリスト

　SDGs達成に向けた取組の推進に際して取組状況を自己認識するためのチェックリストを以下に掲載した。これは、企業のSDGsへの取組の達成状況の確認ではなく、あくまで取組状況を確認するためのものであり、本ガイドラインの1章〜4章の内容に沿って作成されている。自己認識の程度は部署によって異なると予想される。そのため、組織のメンバーに幅広く利用してもらうことを想定している。このチェックリストを使用することによって、企業のどの部署が今後どこから取組を開始するべきかを自己認識することが可能となる。

　各項目の検討／理解の状況として、該当する欄（□）にチェック（✓）する。
1. 現在検討もしていない／現在理解にも努めていない⇒×
2. 今後実施することを検討している／今後理解を深める予定である⇒△
3. 現在実施している／十分に内容を理解している⇒○

SDGs推進に際して取組状況を自己認識するためのチェックリスト
（建築産業SDGsチェックリスト）（2018年11月版）

番号	本ガイドラインの章節（頁）	1章　SDGsとは	1 ✕	2 △	3 ○
1	1-1. (16)	SDGsは、「持続可能な開発のための2030アジェンダ」の骨格をなすもので、2030年までに達成すべき開発目標であることを知っている。	☐	☐	☐
2	1-1. (16)	SDGsは17のゴール、169のターゲット、約230の指標の3層構造で構成されることを知っている。	☐	☐	☐
3	1-1. (16)	SDGsの17のゴールおよび169のターゲットの達成度を約230の指標によって測ることが求められていることを知っている。	☐	☐	☐
4	1-1. (17)	SDGsの17のゴールの内容を概ね理解している。	☐	☐	☐
5	1-1. (17)	SDGsの169のターゲットに一通り目を通して、概ねその内容を理解している。	☐	☐	☐
6	1-1. (17)	SDGsの指標に関する最新情報を国連広報センターや国連統計局のホームページ等を参照して把握している。	☐	☐	☐
7	1-2. (23)	SDGs達成に向けた取組を推進するために政府が示した「SDGs実施指針」に目を通し、内容を理解している。	☐	☐	☐
8	1-2. (23)	SDGs達成に向けた政府の施策推進の工程に目を通し、今後のSDGsを巡る動向を理解している。	☐	☐	☐
9	1-3. (25)	SDGs達成のためには広範なステークホルダーとの連携の強化が必要であることを理解している。	☐	☐	☐
10	1-4. (26)	SDGs達成のためには（経済、社会、環境の）統合的取組が重要であることを理解している。	☐	☐	☐
11	1-4. (28)	SDGsの17のゴールと建築産業の取組の関係を理解している。	☐	☐	☐
12	1-4. (30)	SDGs時代の到来に合わせて最新動向の把握と対応の重要性を理解している。	☐	☐	☐
番号	本ガイドラインの章節（頁）	2章　建築産業におけるSDGs導入の必要性とメリット	1 ✕	2 △	3 ○
13	2-1. (34)	SDGs達成に向けて取り組むべき背景（建築産業が置かれている現状）を理解している。	☐	☐	☐
14	2-1. (35)	SDGsへの取組を民間セクターで推進するために日本経済団体連合会が改定した「企業行動憲章」に目を通し、内容を理解している。	☐	☐	☐
15	2-2. (38)	SDGs達成に向けた取組は、社会課題の解決と企業の経済成長を両立させるものであることを理解している。	☐	☐	☐
16	2-2. (38)	SDGs達成に向けた企業のビジョンや目標設定において、「アウトサイド・イン・アプローチ」の考え方が重要であることを理解している。	☐	☐	☐

番号	本ガイドラインの章節(頁)		1	2	3
17	2-2. (41)	SDGs達成に向けた取組やESGへの配慮が十分でない企業が直面するリスクを理解している。	☐	☐	☐
18	2-2. (42)	SDGs時代において企業価値の源泉として無形資産の重要性が高まっていることを理解している。	☐	☐	☐
19	2-2. (43)	SDGsは従来の事業活動を単独的かつ短絡的に捉える視点では見えづらかった取組について、その重要性や課題を発掘するためのツールという側面を持っていることを理解している。	☐	☐	☐
20	2-2. (48)	SDGs達成に向けた経済・社会・環境の統合的取組が多くのステークホルダーと共有価値を創造することを理解している。	☐	☐	☐
21	2-3. (56)	SDGsに関連する最新情報の収集やその達成に向けた取組実施を通じて将来のビジネスチャンスの見極めができることを理解している。	☐	☐	☐
22	2-3. (57)	SDGsという世界共通言語を用いることで、グローバル市場への参入障壁が打開できることを理解している。	☐	☐	☐
23	2-3. (58)	SDGs達成に早期に取り組むことによって企業のリスク軽減につながることを理解している。	☐	☐	☐
24	2-3. (58)	SDGs達成に取り組むことによってSDGsに関する世界共通のプラットフォームの下に蓄積される知的資産へアクセスできるようになることを理解している。	☐	☐	☐
25	2-3. (60)	SDGs達成に向けた経済・社会・環境の統合的取組により、シナジー効果やマルチベネフィットが生み出されることを理解している。	☐	☐	☐
26	2-3. (61)	SDGsという共通言語の使用が、官と民の情報交換や連携促進に貢献することを理解している。	☐	☐	☐
27	2-3. (63)	SDGs達成に向けた取組は、社会と市場に安定をもたらすことを理解している。	☐	☐	☐
番号	本ガイドラインの章節(頁)	3章　SDGs導入に向けたビジョンと経営計画の策定	1 ✕	2 △	3 ◯
28	3-1. (66)	自社のビジョンや経営計画にSDGsを導入する必要性を理解している。	☐	☐	☐
29	3-1. (66)	企業活動にSDGsを導入する際、特定の部門だけでなく全部門が対象となることを理解している。	☐	☐	☐
30	3-2. (71)	自社の事業活動(バリューチェーン)等のプロセスをSDGsのゴールに対応させて把握し、自社及び社会への影響や改善効果の大きい領域を特定している。	☐	☐	☐
31	3-2. (71)	バリューチェーンを分解する際、自社の上流や下流にいるステークホルダーの活動領域まで把握・考慮している。	☐	☐	☐
32	3-2. (74)	マテリアリティの考え方に基づき、戦略的に注力すべき事業領域を特定し、自社が優先的に取り組む課題を明確にしている。	☐	☐	☐
33	3-2. (74)	優先的に取り組む課題を特定した上で、自社のビジョンと具体的な経営計画を策定している。	☐	☐	☐
34	3-3. (77)	策定したビジョンと経営計画を自社内の各部門に浸透させ、部門毎に自社のビジョンや経営計画とリンクした取組方針を策定している。	☐	☐	☐

| 35 | 3-4.
(81) | 連携・協力すべきステークホルダーを把握して協働に向けて働きかけている。 | ☐ | ☐ | ☐ |
| 36 | 3-4.
(83) | 連携・協力するステークホルダーの（SDGs達成に向けたそれぞれの）役割を明確にしている。 | ☐ | ☐ | ☐ |

番号	本ガイドラインの章節（頁）	4章　目標設定と進捗管理	1 ✕	2 △	3 ◯
37	4-2. (90)	SDGsのゴール、ターゲットに対応させた独自性のある目標を設定している。	☐	☐	☐
38	4-2. (90)	設定した目標は総花的で主張の不明瞭なものになっておらず、自社のマテリアリティを十分に反映させたものになっている。	☐	☐	☐
39	4-2. (90)	バックキャスティングの考えに基づいた2030年とそれ以降の将来を見据えた目標を設定している。	☐	☐	☐
40	4-2. (92)	自社の過去の取組とSDGsの対応関係を明確にしている。	☐	☐	☐
41	4-2. (92)	自社の今後の取組とSDGsの対応関係を明確にしている。	☐	☐	☐
42	4-3. (94)	自社の経営計画や目標の達成度を計測するための指標の必要性を理解している。	☐	☐	☐
43	4-3. (95)	自社の経営計画の進捗管理に活用できる指標を設定している。	☐	☐	☐
44	4-3. (96)	設定した指標に用いるデータの収集や管理に関する体制が整っている。	☐	☐	☐
45	4-3. (97)	設定した指標の中から自社のビジョン達成にとって特に重要となる指標をKPIとして設定している。	☐	☐	☐
46	4-4. (103)	経営計画の達成状況を確認するフォローアップを定期的に実施している。	☐	☐	☐
47	4-4. (104)	経営計画の達成状況を確認するフォローアップに際して、事前に設定した指標の値を活用し、実施した取組の成果を評価している。	☐	☐	☐
48	4-5. (105)	SDGs関連情報の開示や社会発信に関する国際的な動向を把握している。	☐	☐	☐
49	4-5. (107)	SDGs関連情報の社会発信に関する体制は整っている。	☐	☐	☐
50	4-5. (108)	SDGs関連情報の発信対象と目的を明確にし、発信手段を使い分けている。	☐	☐	☐

参考文献

参考文献

Arabesque.（2017）. S-Ray.
参照先: https://arabesque.com/s-ray/

Baruch LevGuFeng.（2016）. The End of Accounting and the Path Forward for Investors and Managers.

Cameron Allen, Graciela Metternicht, Thomas Wiedmann.（2018）. Initial progress in implementing the Sustainable Development Goals（SDGs）: a review of evidence from countries. Sustainability Science.

CEMEX.（2017）. Integrated Report2017.
参照先: https://www.cemex.com/investors/reports/home

CITY DEVELOPMENTS LIMITED.（2018）. INTEGRATED SUSTAINABILITY REPORT2018.
参照先: https://www.cdlsustainability.com/

CSRデザイン環境投資顧問株式会社.（2018年9月）. GRESB 2018 年評価結果 －日本市場からの参加状況－.
参照先: http://www.csr-design-gia.com/info/pdf/2018%20GRESB_Asia_Japan_JP.pdf

GCNJ, IGES.（2018）. 未来につなげるSDGsとビジネス～日本における企業の取組み現場から～.
参照先: http://www.ungcjn.org/sdgs/pdf/elements_file_4001.pdf

GPIF（年金積立金管理運用独立行政法人）. ESG 投資とSDGsのつながり.
参照先: https://www.gpif.go.jp/investment/esg/

GRI, PRI, UNGC.（2018）. In Focus: Addressing Investor Needs in Business Reporting on the SDGs.
参照先: https://www.unglobalcompact.org/library/5625

GRI, UNGC.（2017年9月）. An Analysis of the Goals and Targets.
参照先: https://www.globalreporting.org/information/news-and-press-center/Pages/Business-Reporting-on-the-SDGs-An-Analysis-of-the-Goals-and-Targets.aspx

GRI, UNGC.（2018年8月）. Integrating the SDGs into Corporate Reporting: A Practical Guide.
参照先: https://www.globalreporting.org/information/news-and-press-center/Pages/New-guidance-for-companies-to-report-their-impact-on-the-Sustainable-Development-Goals.aspx

GRI, United Nations Global Compact, WBCSD.（2015年11月）. SDG Compass.
参照先: The guide for business action on the SDGs: http://sdgcompass.org/wp-content/uploads/2015/12/019104_SDG_Compass_Guide_2015.pdf

GRI, United Nations Global Compact, WBCSD. SDG Compass Inventory of Business Indicators.
参照先: https://sdgcompass.org/business-indicators/

MSCI.（2016）. MSCI ACWI SUSTAINABLE IMPACT INDEX.
参照先: https://www.msci.com/msci-acwi-sustainable-impact-index

MSCI.（2016）. MSCI ESG SUSTAINABLE IMPACT METRICS.
参照先: https://www.msci.com/esg-sustainable-impact-metrics

Ocean Tomo .（2017）. Intangible Asset Market Value Study.
参照先: http://www.oceantomo.com/intangible-asset-market-value-study/

SDGs推進本部.（2017年12月）. SDGsアクションプラン2018.
参照先: https://www.kantei.go.jp/jp/singi/sdgs/

SOMPOホールディングス株式会社.（2017）. CSRコミュニケーションレポート2017.
参照先: https://www.sompo-hd.com/~/media/hd/files/csr/communications/ pdf/2017/report2017.pdf

SukhdevRockström and PavanJohan. SDGs "wedding cake".
参照先: How food connects all the SDGs: http://www.stockholmresilience. org/research/research-news/2016-06-14-how-food-connects-all-the-sdgs. html

UN Environment.（2017）. GLOBAL STATUS REPORT 2017.
参照先: Towards a zero-emission, efficient and resilient buildings and construction sector : http://www.worldgbc.org/sites/default/files/UNEP%20 188_GABC_en%20%28web%29.pdf

UNEP FI Property Working Group.（2018年6月）. Positive Impact Investment in Real Estate Discussion Paper.
参照先: http://www.unepfi.org/wordpress/wp-content/uploads/2018/06/ Positive-Impact-Investment-Real-Estate_Discussion-Paper.pdf

UNGC, KPMG.（2015）. SDG Industry Matrix.
参照先: SDG Industry Matrix: https://www.unglobalcompact.org/library/3111

United Nations.（2015年10月21日）. Transforming our world: the 2030 Agenda for Sustainable Development.

WBCSD（持続可能な開発のための世界経済人会議）.（2017年3月）. 持続可能な開発目標 CEO向けガイド.
参照先: https://docs.wbcsd.org/2017/03/CEO_Guide_to_the_SDGs/Japanese. pdf

サラヤ株式会社.（2017）. サスティナビリティレポート2017.
参照先: https://www.saraya.com/csr/report/images/report2017.pdf

参考文献

一般財団法人建築環境・省エネルギー機構．(2018年3月)．私たちのまちにとっての
SDGs（持続可能な開発目標）－導入のためのガイドライン－（第2版）.
参照先: http://www.ibec.or.jp/sdgs/

一般社団法人グランフロント大阪 TMO.（2012年7月）．「うめきた先行開発区域プロ
ジェクト「グランフロント大阪」一般社団法人グランフロント大阪 TMO、ならびに一
般社団法人ナレッジキャピタル設立について」.
参照先: https://kc-i.jp/Content/226

一般社団法人日本経済団体連合会．(2017年11月)．企業行動憲章.
参照先: http://www.keidanren.or.jp/policy/cgcb/charter2017.html

一般社団法人日本建設業連合会．(2018年7月)．建設業ハンドブック2018.
参照先: 建設業ハンドブック: https://www.nikkenren.com/publication/handbook.
html

一般社団法人不動産協会．(2018年4月)．国際競争力強化にむけた都市再生の取り
組みと今後の展望.
参照先: https://www.kantei.go.jp/jp/singi/tiiki/toshisaisei/dai37/siryo3_mitsui.
pdf

株式会社伊藤園．(2017)．統合レポート2017.
参照先: https://www.itoen.co.jp/files/user/pdf/company/corporatebook/
backnumber/2017/itoen_report_all_2017.pdf

環境省．(2017)．日本の温室効果ガス排出量.
参照先: https://www.env.go.jp/earth/ondanka/ghg.html

公益財団法人東京オリンピック・パラリンピック競技大会組織委員会.
参照先: https://tokyo2020.org/jp/games/sustainability/sourcing-code-wg/
data/20161205-appendix.pdf

国土交通省．(2015年3月)．中古住宅市場活性化ラウンドテーブル報告書.
参照先: http://www.mlit.go.jp/jutakukentiku/house/jutakukentiku_house_
fr2_000022.html

三菱地所株式会社．(2018)．CSRマネジメント.
参照先: http://www.mec.co.jp/j/csr/policy/management/index.html

首相官邸．(2016)．持続可能な開発目標（SDGs）実施指針.
参照先: http://www.kantei.go.jp/jp/singi/sdgs/dai2/siryou1.pdf

首相官邸日本経済再生本部．(2018年6月)．未来投資戦略2018 ―「Society 5.0」
「データ駆動型社会」への変革 ―.
参照先: https://www.kantei.go.jp/jp/singi/keizaisaisei/pdf/miraitousi2018_
zentai.pdf

石井祐太，川久保俊，出口清孝，村上周三、茂木和也、宮崎元希．(2018). 建築産業におけるSDGs達成に向けた取組に関する研究（その1）建築関連産業によるSDGs達成に向けた取組状況の時系列比較. 日本建築学会大会（東北）.

積水ハウス株式会社．(2018). サステナビリティビジョン2050.
参照先: https://www.sekisuihouse.co.jp/sustainable/values/sustainability_vision_6/index.html

責任投資原則（PRI）.
参照先: https://www.unpri.org/

総務省．(2018年12月). 持続可能な開発目標（SDGs）.
参照先: 持続可能な開発目標（SDGs）: http://www.soumu.go.jp/toukei_toukatsu/index/kokusai/02toukatsu01_04000212.html

総務省．(2018年12月). 持続可能な開発目標（SDGs）指標仮訳.
参照先: http://www.soumu.go.jp/main_content/000562264.pdf

大阪ビジネスパーク協議会. 人・ビジネス・街。つながる、大阪ビジネスパーク.
参照先: http://www.obp.gr.jp/index.html

大和ハウス工業株式会社．(2017). サステナビリティレポート2017.
参照先: http://www.daiwahouse.com/sustainable/csr/pdfs/2017/all.pdf

東急不動産株式会社．「メガクニンガン プロジェクト」開発着手.
参照先: https://www.tokyu-land.co.jp/news/9bd3da2000329998f314fe8cb5ac9b20.pdf

内閣官房まち・ひと・しごと創生本部事務局, 内閣府地方創生推進事務局．(2016年6月). 日本版BIDを含むエリアマネジメントの推進方策検討会（中間とりまとめ）.
参照先: https://www.kantei.go.jp/jp/singi/sousei/about/areamanagement/h28-06-30-areamanagement-chuukan.pdf

内閣府地方創生推進事務局．(2018年6月). 地方創生SDGs官民連携プラットフォームについて.
参照先: https://www.kantei.go.jp/jp/singi/tiiki/kankyo/pdf/sdgs_pura_gaiyo.pdf

日経ESG．(2018).「SDGs」の真価（2）経営との統合へ　中期経営計画に組み込む.

味の素株式会社．(2017). 経営方針（中期経営計画）.
参照先: https://www.ajinomoto.com/jp/ir/strategy/managementplan.html

ご注意
本書に掲載されている図表等の出典については、発行時点のURLを記載しています。
ただし、出典元の事情により変更・削除される場合がありますのでご了承ください。

あとがき

　本ガイドラインは、国土交通省にもご協力をいただきつつ、一般財団法人日本建築センター内に設置された「建築関連産業とSDGs委員会（委員長：村上周三東京大学名誉教授）」の活動成果の一部を取り纏めたものです。企業の規模や企業にかかわる経済、社会、環境等の諸条件は千差万別であるため、SDGsに取り組む体制や方法もその企業固有の条件を十分に踏まえたものである必要があります。本ガイドラインは建築産業がSDGsに取り組むための方法を一般論として取り纏めたものです。各社の置かれている事情は様々ですので、必要に応じて、それぞれの取組の参考にしていただければ幸いです。

　本ガイドラインに対するお問い合わせに関しましては、本書巻末記載の発行元までご連絡いただければ幸甚です。

2018年11月

一般財団法人日本建築センター
建築関連産業とSDGs委員会事務局

【建築関連産業とSDGs委員会】

（敬称略。2018年11月現在。）

委　員　長　村上周三（東京大学　名誉教授、（一財）建築環境・省エネルギー機構　理事長）

委　　　員　伊香賀俊治（慶應義塾大学　教授）、伊藤雅人（三井住友信託銀行（株）不動産コンサルティング部環境不動産担当部長）、柏木孝夫（東京工業大学　特命教授）、蟹江憲生（慶應義塾大学大学院　教授）、小泉雅生（首都大学東京大学院　教授）、清家剛（東京大学大学院　准教授）、竹ヶ原啓介（（株）日本政策投資銀行　執行役員・産業調査本部副本部長）、竹本和彦（国際連合大学　サステイナビリティ高等研究所長）、野口貴文（東京大学大学院　教授）、有吉善則（大和ハウス工業（株）取締役・常務執行役員・技術本部総合技術研究所長）、岩本雅千（住友不動産（株）社長補佐）、内山和哉（積水ハウス（株）常務執行役員・渉外部長）、小野島一（（株）大林組　技術本部統括部長・スマートシティ推進室長）、金子美香（清水建設（株）コーポレート企画室副室長）、国平浩士（鹿島建設（株）執行役員・建築設計本部副本部長）、佐藤清吾（（株）竹中工務店　執行役員）、庄司健吾（ミサワホーム（株）取締役・常務執行役員）、高橋郁郎（住友林業（株）執行役員、住宅・建築事業本部副本部長）、茅野静仁（三菱地所（株）経営企画部長）、仲田裕一（三井不動産（株）企画調査部長）、真柄琢哉（旭化成ホームズ（株）取締役・副社長執行役員）、松村正人（大成建設（株）設計本部副本部長）、山本実（三井ホーム（株）取締役・専務執行役員）

協 力 委 員　川久保俊（法政大学　准教授）、佐々木正顕（積水ハウス（株）環境推進部　部長）、新谷圭右（（株）三菱総合研究所　研究員）、高井啓明（（株）竹中工務店　設計本部プリンシパルエンジニア(環境担当))、永野好士（（一社）不動産協会　事務局長代理）

オブザーバー　須藤明夫（国土交通省土地・建設産業局　不動産課長）、高橋謙司（国土交通省土地・建設産業局　建設業課長）、長谷川貴彦（国土交通省住宅局　住宅生産課長）、小田広昭（（一社）住宅生産団体連合会　専務理事）、菱田一（（一社）日本建設業連合会　専務理事）、森川誠（（一社）不動産協会　事務局長）

事　務　局　（一財）日本建築センター

【建築関連産業とSDGs委員会　WGメンバー】

主　　　査　村上周三（上掲）

幹　　　事　川久保俊（上掲）、佐々木正顕（上掲）、高井啓明（上掲）、永野好士（上掲）

委　　　員　猪里孝司（大成建設（株）設計本部設計企画部　企画推進室長）、伊藤雅人（上掲）、今井妙子（（株）大林組 CSR 室 CSR 企画第一課　課長）、今泉恭一（鹿島建設（株）本社建築管理本部　本部次長）、久津輪太（（一社）不動産協会　事務局長代理）、小山勝弘（大和ハウス工業（株）技術本部環境部長）、新谷圭右（上掲）、手島正俊（清水建設（株）建築営業本部受注管理部　副部長）

オブザーバー　小川崇臣（（株）三菱総合研究所　研究員）、宿本尚吾（国土交通省住宅局住宅生産課　建築環境企画室長）

事　務　局　（一財）日本建築センター

【建築産業にとっての SDGs（持続可能な開発目標）導入のためのガイドライン執筆者】

メ ン バ ー　村上周三（上掲）、伊藤雅人（上掲）、川久保俊（上掲）、小泉雅生（上掲）、佐々木正顕（上掲）、新谷圭右（上掲）、高井啓明（上掲）、永野好士（上掲）

建築産業にとってのSDGs（持続可能な開発目標）
－導入のためのガイドライン－

2019年2月 1 日　第1版第1刷
2020年3月30日　第1版第2刷

定　　価　　本体2,500円＋税

編　　集　　建築関連産業とSDGs委員会

発　　行　　一般財団法人 日本建築センター
　　　　　　　〒101-8986
　　　　　　　東京都千代田区神田錦町1-9
　　　　　　　TEL：03-5283-0478　　FAX：03-5281-2828
　　　　　　　https://www.bcj.or.jp

販　　売　　全国官報販売協同組合
　　　　　　　〒114-0012
　　　　　　　東京都北区田端新町一丁目1-14
　　　　　　　TEL：03-6737-1500　　FAX：03-6737-1510
　　　　　　　https://www.gov-book.or.jp

表紙デザイン　　図書印刷株式会社

印　　刷　　図書印刷株式会社

＊乱丁，落丁本はお取りかえいたします。本書の一部あるいは全部を無断複写，複製，転載，ある
　いは電子媒体などに入力することは，法律で定められた場合を除き，著作権の侵害となります。
Printed in Japan
ISBN 978-4-88910-175-1
Ⓒ The Building Center of Japan 2019